千里之行

十五个广东人的世纪奇踪

林旭娜 著

南方日报出版社
NANFANG DAILY PRESS
中国·广州

图书在版编目（CIP）数据

千里之行：十五个广东人的世纪奇踪 / 林旭娜著 . 广州：南方日报出版社，2024.10.--ISBN 978-7-5491-2917-1

Ⅰ. K820.865

中国版本图书馆 CIP 数据核字第2024KW1173号

千里之行

十五个广东人的世纪奇踪

林旭娜　著

出版发行　南方日报出版社
地　　址　广州市广州大道中 289 号
出 版 人　周山丹
出版统筹　谭亦芳
责任编辑　巫殷昕
装帧设计　伍圣游
封面题字　谭文选
封面篆刻　谭文选
责任校对　阮昌汉
责任技编　王　兰
经　　销　全国新华书店
印　　刷　广州市新怡印务股份有限公司
成品尺寸　142mm×210mm
印　　张　9.0
字　　数　200 千字
版　　次　2024 年 10 月第 1 版
印　　次　2024 年 10 月第 1 次印刷
定　　价　68.00 元

投稿热线：020-87360640　读者热线：020-87363865
发现印装质量问题，影响阅读，请与承印厂联系调换。

序　言
PREFACE

千里路当行，心明笔自精

钟东

林旭娜女史的大作《千里之行：十五位广东人的世纪奇踪》就要出版了。一读书稿，拍案惊奇！该书的作意，是将笔墨对准十五位跨越时代的人物，叙写他们曲折不凡的人生故事。作者经过好几年的打磨，不断采访补充、搜集资料，最终以求真的态度、写实的方法书写他们的瑰丽故事，展现大时代背景下他们不屈于命运、不随于流俗、不畏于困厄，追随内心、放歌生命的奇特轨迹和内在力量，以这些人物各自的“千里之行”，叩问生命的价值，展现广东人文精神光彩。

粤地近代一直是全国的先锋，粤人也非常有引动潮流的意识。书中的十五位人物，基本上籍贯分布全省各地，他们术业不同，身份各异，但绝大多数都有跨越海内外的经历或影响，人生的选择和遭际都比较奇特。他们身上最引人注意的是那种倔强和纯粹，呈现出一种很个人化又有共性的执着，尽管这种选择可能很苦，但却精彩。他们不一定位居高位，不一定功成名就，但他们都有共同的生命特质，即对于生命的求索、人生的答案有着纯粹的坚守和实践，为当时和现在的人们，留下了富于启迪的生命光彩。

植物学家陈焕镛（1890—1971）发现的南中国植

物新种新属品类最多，对建立中国自己的植物学贡献巨大。美术家潘鹤（1925—2020）为国内外知名的雕塑大师，以作品雕塑近百年中国巨变历史。画家郑锦（1883—1959）为中央美术学院首任校长，作为最早留学日本学习美术的中国人，是中国美术高等教育制度的奠基人和设计者。书法家麦华三（1907—1986），不仅著作《古今书法汇通》为邻邦主动翻译，而且重视书法教育推广，让书法走入千家万户。史学家陈乐素（1902—1990）承前启后、融通中外，对于宋史尤其有功甚巨。教育家王越（1903—2011），除了两次重建暨大、曾任中大教务长的彪炳功绩，还有教育理论、教育史著作传世。农史学家梁家勉（1908—1992），不仅在华南农业大学建立了农史学，而且还有贡献于农学文献收藏研究。梅州籍远征军老兵杨剑达（1921—2011），16岁离开家乡，后参加中国远征军流落缅甸，但始终坚持保留中国国籍，73年后终于实现回家夙愿。南侨机工许海星（1918—2017）等一批批南洋赤子，抛弃优裕生活回到战火中的中国投身抗战，最终深藏功与名。飞虎队员陈锦棠（1923—2021）等华裔，在美国报名参加陈纳德将军创建的中国空军美国志愿援华航空队，抗日胜利后回到美国，笑看风云淡，心中惟祈和平。女兵黄添（1921—2019）毕业于黄埔军校三分校16期，在花季年华参军，和其他队友发誓打败日本侵略者才结婚。美国华媒领军人谢一宁（1960—2018），在西方孤立中国的氛围中，坚持报道一个真实的中国，至死不改初衷。英语教育家廖乐年（1946—　）是归国侨胞，至今已在广东乡村义教英语超过20年，漫长中见坚定，平凡中见智慧。

杨秀芳（1945— ）是马来华人，出身平凡却热心公益，退休后自付路费每年飞回广东技术支援果农，参加捐资助学。华侨实业家、金融家陈慈黉（1843—1921）是晚清民国时期潮汕的巨富，在东南亚建立了庞大商业帝国，自带光环却为人低调。

以上略叙全书人物大概，旨在说明所选人物皆极具历史分量，让我们对广东人多面生活状态有比较全面的认识和了解。

必须指出，书中十几个人物所发生的故事，都有广阔的社会背景和丰富的人事关系隐含其中，我们通过书中一个个人物，读到的不仅仅是这些人物的故事，还可以对围绕在他们周围的历史和社会生活的复杂景象加以透视。

于是，这就让我们明显地对围绕着具体人物的历史的或社会的内容有了更为丰富的拓展。例如陈焕镛（国际学术署名W.Y.Chun）之所以立志成为植物学家，与当时知识分子睁眼看世界、文化觉醒和追求救国图强有直接关系，其中相当一部分精英知识分子拥有传统国学根基与国际化现代教育背景，陈焕镛的父亲陈言是其中的一个例子。与陈焕镛同时代的知识界也涌现出一大批这样的优秀学人，如在植物学领域与他并称“南陈北胡”的胡先骕先生，先学习旧学，1912年进入美国加利福尼亚大学和哈佛大学学习农业和植物学，除了在植物学领域有开创之功，同时还是诗人，有诗文集、诗选注著作遗世。

至于陈锦棠、许海星等海外赤子在日本全面侵华时选择回到祖国参加抗战，为研究世界反法西斯战争历史提供了生动角度。书中的老兵杨剑达、女兵黄添的经历都与第二次世界大战有关，他们原本正常的人生，被卷入了战争和历史的旋涡，他们的选择和个人叙事丰富了宏大历史叙事。

历史学者陈乐素与农史学者梁家勉都是在学术领域中独树一帜的人物，是在20世纪该学科奠基阶段绕不过去的重要学者，他们的志业同样与当时的客观背景大有关联，七七事变之际，陈乐素先生以史家的担当选择宋史作为自己的学术主题。

美术家郑锦，以建立现代美术教育体系的抱负学成归国，而遭遇新文化运动之后西风压倒东风的风潮，加之国内外面临百年未有之变局，形势异常复杂，投身平民教育之际又遭遇日本侵华，最终不随于流俗退隐澳门。雕塑家潘鹤在95年的人生中纵情高歌，见证了世纪沧桑，也塑造了历史，《大刀进行曲》《艰苦岁月》《广州解放》《开荒牛》《珠海渔女》等雕塑作品熠熠生辉，成为写在石头上的中国记忆。

概言之，这些人物都是广东近现代以来的繁星点点，都有广阔的历史天空作为背景，而让他们光芒闪烁。

全书人物故事，大体可以归之为传记。但是传记又有偏历史与偏文学的两类。古今中外传记文字，不外是这些范围：为他人作传、自传、年谱、评传、人物介绍。可是本书所作，又与过去的传统文字不同。这种不同，表现为如下几个方面：首先是作者的资料直接取之于采访，也就是说来源要么是所写人物本人，要么是与所写人物相熟的后学或挚友亲人。其次是写作的过程中，作者时常出现在文中，是文章的叙述者，又是带入到文中的被叙述者。采访的是当事人或是亲见、亲闻、亲历者，这就与转述自他人文字而成的传记截然不同；而本书作者时常出入文中，又使得叙事的声音是多面立体的，文章的修辞手法也是丰富而多样的。这两点既增加了叙事的真实感，也增加了叙事的真切感。

传统叙事的文字，许多也来自采访。比如过去的史志传记，都有一道必不可少的采访工序。但是，这与今天媒体的采访在目的和功用上是不同的。本书作者充分发挥媒体人的长处，其活态的史料呈现在传记性的文章之中，丰富了写人物的方法与技巧。另外，作为采访者兼写作者，其双重身份在文中出现，也是对传记文体的一种创例，我们看见作者时而在文章之外，时而在文章之内，或者是第一人称，或者是第三人称，有时与人物对话，有时为叙事旁白。显然，这种写作的方法，是打破了古代史传的写法，也迥异于自传的写法。

因此，本书不同于古人的史传等历史性传记，因为作者赋予了其新的使命，也就是虽然可以归入史传的行列，但更应该划入非虚构文学写作的范围。我们觉得，传记中史实的叙述固然十分重要，可是占首要地位的可能是独到的解读与描写。传记主角在某一个时间做了什么事，这是历史家的笔法，也即人物的事实和行为。但是，传记的主角为什么要做这些事，在做这些事的过程之中他的心理变化如何，这却需要史家的眼力和文学家的艺术方法才能叙写清楚。书中为了对人物的心理予以细腻的描写，作者在采访中进行了详细的体察，有时甚至不得不借重素材的呈现构建文学的想象，对于人物的语言所透露出来的人物心理也有非常细致的呈现。这样一来，就使得全书既有了历史的真实性，又有了文学的主动性和生动性。换言之，本书同时具有了历史传记和文学传记的双重特性，是有着创例的意义的。

本书作者林旭娜是我的学生，七年前从中山大学中国古典文献学方向研究生毕业，在此之前，她本科从暨南大学新闻学专业毕业后在南方日报社工作，很早就勤于笔耕，写过不少关于岭南历史文化的文字。入读研究生之后，她对古代的文学与文献有了专门的研究，下过功夫打实功底；兼之勤勉努力，近些年除了勤奋工作、照顾好家庭之外，还写了大量的文章，可称硕果累累。本书是她丰富的成果之一，不仅有文、史、哲的审美价值，其中对于人物精神和命运的揭示、对于大历史中生命个体选择的刻画，特别有助于新时代的铸魂意义。所以，是不可或缺的好作品。因有所感，亦以勖之，遂作小诗，曰：

读书言万卷，千里路当行。
人各有真采，事皆成令声。
挥毫吟岁月，入眼见高情。
世纪奇踪境，心明笔自精。

2023年9月5日 星期二
草于中山大学中文系

（作者系中山大学中文系、中国古文献研究所副教授，硕士研究生导师）

自　序

AUTHOR'S PREFACE

万里归来颜愈少

聚光灯投向舞台，一幕接着一幕，线索不断拼接交织，故事逐渐可感可触，人物穿越了长达100多年的时光，海内海外，潮起潮落，青春生命被时代飞快、蛮横漫卷，命运与传统也同样如是，最终，这一切被时光折叠、收藏、静置。

幸运的是，个体和公共记忆早已或多或少刻录下生动叙事和价值密码，随着他们每一片也许激昂也许温存的时光，每一笔或暗黑或明亮的色彩，每一段或凄厉或和悦的声音，每一缕或难忘或难忍的气味，和曾经的生活存活下来，聚合为一颗独具魅力的精神宝石，转化为独一无二的精神标识，沉淀为人类精神家园中的丰厚滋养。

精神往往无法直接用眼力所及，直到这些真实的故事再次被讲述，神奇的力量于是大放异彩。

他们中，有在时间的洪流里被急剧冲刷，风口浪尖不改初衷，终为古老中华在现代文明建构中站稳脚跟的世纪学人。

他们中，有的大开大合笑傲天地，有的不喧不争不逐时流，是用作品为天地立心，以美育为民族塑魂，影响遍及海内外的艺术大师。

他们中，更有茫茫人海中出身寒微的“平凡不平凡”者，时代的奇异或悲剧，丰富着他们的生命，造就了特殊的辉煌，他们在平凡生活中做出的不平凡选择与建树，成为生命之歌的精彩注脚。

他们或仍声名煊盛，或已寂寂无名，或归于静好，或终于悲壮，或成为传奇，或大隐于世。但他们本身所承载的精神传统值得一页页打开细读。

将瑰宝搜集于博物馆而展示于世人，是对过去真实存在杰作的尊重，重新走近、还原、书写他们，是作为写作者应主动承担起来的、对精神文物的抢救和对历史的还愿，是对仍在前行者的致敬和喝彩。

本书所写的十五个人物，虽然身份各异，但有一个共同点，他们是面向海洋、开风气之先的广东之子，勇于涉足未达之地，敢于献出血肉之躯，拥有不同于流俗的世纪奇踪，他们或长或短的故事，贯穿着跨山越海、豪迈激越的千里之行。

他们都遭受过人生的残酷磨难，但他们并非被生活的潮水随意冲刷出来的偶然奇迹，而是在苍茫大海中抱定信念奋力向前、勇敢游出一条属于自己之路的命运主宰者。

尽管人生中所遇见的太多内容超出了把控，跌宕起伏中，把舵定向的却是他们的价值认知。风浪和风采共同书写了他们的逆旅奇踪。

他们不仅仅代表自己一个人，更代表着独特时代和遭际中的整个群体，代表着人类的坚贞、无畏和纯粹。

有人说：中国人的心智衰老得比较快。我不认同。

当你读完他们的故事，你会更欣赏苏东坡说的："万里归来颜愈少，微笑，笑时犹带岭梅香。试问岭南应不好，却道，此心安处是吾乡。"他们，绝大多数已经告别人世，还在世上的也已耄耋之年，他们真实的人生故事却是归来仍是少年的最好样本。

描绘百多年来十数位岭南奇人的世纪奇踪，聚拢这些独具特色又具有精神共性的人物，为在海内外扬播的岭南精神立传，为喧嚣浮躁的世界注入一丝清风，是我写作这本书的最初动力。在此，谨以一名新闻工作者的千里之行，致敬这些杰出粤人的千里之行，以写实之笔，为广东人的精神族谱再加一道彩虹。

是为序。

目　录
CONTENTS

上篇

下篇

上篇

每个人天生有不同的禀赋和境遇，这是他人生角色的起点，也将成为他的先天限制。只有具备超凡识见、坚韧伟力的人生雕塑家，才能凭借刀刃向内突破原石的勇气，在自我完善的过程中凿出全新的自我，最终将具体的肉身和庸常的生活大写成一个抽象意义的“人”字。

潘鹤

上篇

潘鹤

纸里挑灯看“鹤”

潘鹤有着超长、超高质量的艺术生涯。年过花甲之后，潘鹤曾评价自己，艺术生涯成熟得早，衰退得迟，年未老而经历了漫长的半个多世纪。这是他的修为，更是一个艺术家极大之幸运。在95年的人生中，他以蓬勃的艺术生命力以及苍鹰张开翅膀飞翔般的平衡能力，飞越一座座山，无论面临如何艰难的境地，都在每个人生阶段留下了经典之作。

人物名片

2019 年的潘鹤。徐杰 摄

潘鹤（1925—2020），又名潘志强、潘思伟，出生于广州，广东南海人。中国著名雕塑家、画家，广州美术学院雕塑系终身教授，中国国家画院首批院士，获“首届中国美术奖终身成就奖”。1940 年开始从事艺术活动，在 80 年的艺术生涯中创作了数以百计的重要雕塑作品，它们遍布国内外各地，有广泛而深刻的时代影响力。

1988 年，63 岁的潘鹤在书信中说，自己打算在晚年时写写小说之类的回忆录，因为所见所闻太多太奇了，真想一写为快，“但现在不可能，还是集中搞些作品”[1]。

“太多太奇”四字，恰如其分，贯穿了这位传奇雕塑家近百岁的人生历程。

潘鹤的父亲潘铁曾给少年的他讲过一桩奇事，被他记录在日记中。临产时母亲在产床上呻吟，父亲在房外焦灼冥想，此时忽然一只鹤飞过，大叫一声“鹤——”便无声了。而他就在这个刹那间出世。父亲说他大约是仙鹤托化，因此为他取名潘鹤[2]。

潘铁毕业于广东法官学校高等研究部，是广东第一代大律师，曾在报刊和通讯社撰写不少针砭时弊的政论文章，他与潘鹤的大舅舅杨章甫精神上最为接近。杨章甫是广东早期著名的共产党人，广州起义失败后，他隐姓埋名生活在香港、日本等地，20 世纪 40 年代，潘鹤避战祸于香港，舅舅常带他参加共产党人的集会，其间接触了大量的艺术家，有李铁夫、黄新波、关山月、廖冰兄等人。

潘鹤的母亲杨秀瑛出生于香山县[3]北山村，她和众多兄弟姐妹都在澳门读完中小学，接受过良好的启蒙教育[4]。被誉为广

[1] 1988 年 11 月 28 日，潘鹤在致钱海源的信里如是说，笔者曾在钱海源先生家中读过这些信。潘鹤从 20 世纪 70 年代初到 2005 年，一共给钱海源去信 79 封，其中有历史和人文价值的信共有 70 封。2016 年，钱海源将较为重要的 42 封信捐赠给广东美术馆。

[2] 广东美术馆 . 潘鹤少年日记 [M]. 广州：新世纪出版社，1997：106.

[3] 今珠海市。

[4] 据潘鹤第三子潘奋介绍。

州杨家祠走出的华南传播马克思主义第一人，有“北有李大钊，南有杨匏安”之称的杨匏安是她的侄子。

1915年，杨匏安与族叔杨章甫东渡日本横滨求学，受到社会主义思潮的影响。1918年，杨家迁至广州，入住位于越秀区越华路上的杨家祠，这里逐渐成为中国共产党早期活动的据点，陈独秀、周恩来、谭平山当时经常出入这里，“越南国父”胡志明也曾在杨家祠住过一段时间。

多年以后，潘鹤第三子潘奋读了三叔潘鸿的一篇文章，才知道了杨家祠的往事。他说，奶奶杨秀瑛与外地人语言不通，只熟悉胡志明，因为他会讲广州话，而胡志明在广州孑然一身，时有求她帮补袜子之类的生活琐事。

这是潘鹤出生以前的故事。1986年，61岁的潘鹤创作了3.3米高的杨匏安烈士塑像，立于杨氏的故乡珠海。

潘鹤自小经历奇特。

在他一岁多时，蒋介石在上海发动“四一二”反革命政变，随之广州发生了屠杀共产党人的惨剧。当时只有20多岁的母亲担心兄长和侄子被害，于惨案发生后背上驮着潘鹤在屠杀现场一遍遍翻找。

这样的人生开场似乎预示着他将开启一段异于常人的世纪奇踪——在时代的剧烈变奏中，他从中汲取营养，奔腾向前，异军突起，最终在自己的生命之石上凿琢奏鸣出一部横扫千军、摧枯拉朽的恢宏巨著。

这有点像他的作品《自我完善》，在历经波劫和戏剧性的漫长征途中，艺术家以伟大的思想理性驾驭天生敏锐的艺术感觉和澎湃的才华，直面极限，不断求索，先从石头中解放了双手、胸脯、胴体，再用自己的双手开凿自己的大腿、小腿，尽管尚未完善，但穷其智慧努力，终有一天必在刀与石的火花中创造一个全新的自我，给人类文明之河倾注入一个个新生的艺术浪花。潘鹤用这件作品寓意民族的未来，也是对个体生命的礼赞。

艺术距离人生太远，但它又是横贯人生的一条大河，它把超然的思想流向人间，把人间的污秽带出大海。少年时他发誓“宁愿为艺术而夭折”，“冒艰困、犯大难，在所不惜”[1]。

[1] 广东美术馆.潘鹤少年日记[M].广州：新世纪出版社，1997：35.

在真实的人生中，他创造了超长、超高质量的艺术生涯，从十三四岁开始创作塑像算起，长达80年。年过花甲之后，潘鹤曾评价自己的艺术生涯成熟得早，衰退得迟，年未老而经历了漫长的半个多世纪。这是他的修为，更是一个艺术家极大之幸运。在95年的人生中，他以蓬勃的艺术生命力以及苍鹰张开翅膀飞翔般的平衡能力，飞越一座座山，无论面临如何艰难的境地，都在每个人生阶段留下了经典之作。

他创作的大型雕塑数以百计、造诣精湛，在国内外数十座城市的白石青铜上构建了一系列堪称国家记忆和时代符号的作品。难怪艺术评论家谭天认为，如果把他的雕塑作品按主题排列，可以说是一部中国近现代历史的缩影。

他坚信雕塑的社会功能和价值，因此一鹤当先，一定要改变“瘦田无人耕”的处境，带领广美雕塑系同仁身体力行推动这一理念为大众和主流所接受，终有中国城市雕塑春天的降临。

他创造的奇踪胜迹，是上帝之手、真实历史和雕塑家完美互动、创造的结果。

笔者从 2013 年起有意识关注、研究潘鹤。实际上，潘鹤的研究材料相当丰富，精彩绝妙的少年日记，极致生动、记忆精确的回忆文章，清晰的雕塑理念阐述，大量与学生的通信，留下他创作黄金期宝贵的心声和细节，加上成名很早，美术界对他的研讨既多且久，留下大量雕塑同行和评论家的精辟论断。长寿的潘鹤富有思想而幽默，又为推动城雕事业需要，从改革开放之初起，大量接受采访畅谈想法，并乐于通过文章和书信孜孜不倦阐发自己的思想，借助以上种种，他发挥了一位伟大雕塑家极擅长抽象概括和形象叙事的特性，协助公众一起推动了雕塑影响力的提高，也完成了自我形象的塑造。

与他的作品一样，这个“潘鹤”得到了大众舆论彻底的接受，但同时关于他的信息达到饱和后，出现了不断的重复。

由此，本文尽可能地上溯潘鹤成长过程中的公共舆论（权威媒体报道），加以分析大量的私人信件，以一公一私一手文献为新的维度，结合大量采访，试图更好观察、理解他的作品和艺术思想。

18 岁，故事登上《澳门日报》

1944 年，《澳门日报》发表了美术史学者紫光（黄蕴玉）撰写的文章《岭南艺界一奇才》，介绍了一位青年雕塑家潘思伟的“天才卓绝”，文中说，“在岭南方面，除李金发、郑可而外，近者又有一天才之塑像家崛起于南国艺坛……彼以天才超逸造诣之神，至足称道。以一青年，而能以雕塑著誉，堪足为岭南艺坛生色”。

“潘思伟”就是后来名满海内外的雕塑家潘鹤。文章发表几日之前，潘鹤才决定自己改名，以此表达对初恋女友也即表妹李惠仪的炽热之恋。思绪涌动之际，他即刻给在广州的父亲潘铁去信，请求父亲同意自己把名字改为“潘思惠”，父亲建议改为“思伟”，同音而不会过于女性化，他采纳了建议。

《澳门日报》这篇文章为潘鹤世纪人生中的第一篇公开报道应无疑义，此时，他不过18岁。为了与表妹见面，他于一个月前冒着生命危险冲破日军封锁线从广州偷渡到澳门。

以此为一条分界线，潘鹤从在佛山、广州时屡屡使人一见他的雕塑便惊叹为天才的文艺青年，直接变身为进入公共文化圈层、每件雕塑报酬高达800元[1]的奇才，受到澳门名流巨贾和美术界的肯定。

多年之后，潘鹤写下了一篇回忆文章《澳门岁月》，开门见山地说：“半个世纪前，也就是1944年，我在澳门生活了10个月。这短短的300天，使澳门成了我艺术与爱情的摇篮，也成了我人生的炼狱，使我一生像负上十字架，受到众生的鞭挞。如果没有这摇篮与这炼狱，我可能会走向另外的方向，不会对艺术执迷不悟到今。”

[1] 当时白领阶层的工资才二三十元。

文章精彩地回忆了他在澳门期间的经历，其中涉及雕塑部分与其忙于恋爱致手头拮据有关。女朋友的母亲注意到他的“戒指越来越小”，他不得不拿出从广州带来的一封推荐信求见富豪简均，打算靠卖艺维持生计，谁料一鸣惊人，在澳门掀起了一阵小旋风。

在澳门的一年中，简均、高可宁、傅老榕、梅伯、李珠、何贤之父亲、任剑辉等财富在澳门金字塔尖的名流大亨轮流做东请他吃饭塑像、绘制粉彩雕像，而他照样不卑不亢，每每与表妹“白天谈情说爱，直到数星星，望月亮，送情人回家了，才赶到俱乐部宵夜、饮酒、塑像，半夜才得回到自己家里”。

潘鹤并不贪恋这些浮名薄利。在《澳门日报》的评论文章中，黄蕴玉描绘少年潘鹤：“时而乱发蒌形，时而容装楚楚，翩翩然若浊世公子……闻潘氏性具怪癖，达官贵人，多有请之塑像，但每不惹其兴趣，故虽予重金，亦每每之不顾。然遇胸怀洒落者，虽贫彼亦自动为之留肖像，弗计心血也。故其所交之友多慷慨悲歌之士，昔曾为已故画家黄少强塑像，泪眼盈盈，仰天长啸，形神毕肖，见者称其作风个性之表现，亦可谓淋漓尽致，一望而知其为天才卓绝之艺术家。”

在澳门短暂逗留的一年中，他还与意大利雕塑家夏志刚等艺术家相识，潘鹤自述暗中偷师不少，对大型雕塑的施工、打石、铸造等操作知识的认知和技术都迅速提升，因为此前，实际上他在雕塑领域一向是形单影只，“只能在书中寻求朋友”。

后来，潘鹤成为中国雕塑界中少有的技法全能人才。潘鹤的学生、著名雕塑家梁明诚认为，雕塑艺术刚从西方引进的时候，潘鹤就是一个代表人物，他不但会泥塑，还会翻石膏、打石、放大搭架，等等。这在当时是难能可贵的。

而这一切无疑与潘鹤早年在澳门十里洋场摸爬滚打，偷师与自学自通融为一炉密切相关。

偷渡到澳门的第二天，潘鹤便被窗外一处立着大量石像、铜像的地方疯狂吸引，直至眼前才发现原来是西洋人的墓地。曾经在画册上无数次揣摩的画面瞬间变得真实立体，给他极大的震撼。

偷渡澳门，是一场为爱情而开始的泅渡，更是一次艺术的泅渡，爱情最终因家庭的坚决反对夭折，破碎了两颗年轻而狂热的心，艺术大戏却因这次泅渡大放异彩。

直到现在，我们仍然可以从潘鹤在澳门所画的速写水彩作品看到，画中的海面上常常笼罩着一层金色的阳光，有美术评论家认为，这与当时潘鹤深陷炽热初恋的情绪相关，但从更大的环境看，这也是真实的澳门印象，无论是表面上种种新鲜的事物，还是深潜水下的巨石，显然给敏感的少年潘鹤不少刺激。

澳门从 16 世纪以来就成为中西文化交流的桥头堡，郑观应在此写下《盛世危言》，孙中山曾在澳门镜湖医院行医。作为中立国葡萄牙实行殖民式统治下偏安一隅的澳门，在 1944 年是一片安宁的绿洲，与家乡日寇横行烧杀抢掠形成鲜明的对比，这里不但能摆下一张安静的书桌，还因虹吸效应成为藏龙卧虎、鱼龙混杂之地，周边国家和地区避难的名流富商与艺术家济济一堂，大量资金和人才涌入，经济活动和思想活跃，文化氛围轻松自由，潜伏着巨大的机遇，同时纸醉金迷。

旅居澳门的经历壮大了潘鹤艺术中追求个性的特质，促成了他后来心中没有藩篱、自成一家的自信和坚定。而周边暗暗涌动的复杂利益斗争锻炼了他针砭时弊的眼力，眼前的现实困难则打开了其解决问题的思路。

潘鹤说，这个时期接受雕塑预订后要自己解决原材料的问题：黏土，遍寻不到，就用旧桐灰替代；找不到石膏粉，他机智地与走街串巷收旧铜废铁的“收买佬”交易，让其代寻生石膏枕头再磨碎炒熟[1]。

在新中国成立以前，虽然是少作，但潘鹤雕塑作品已经达到相当数量，每当他决定做一个雕塑或者画一张画，速度常常很快。潘奋认为这是他天才的表现，也是他对自己艺术理念的实践,潘鹤不提倡“磨”的艺术，看重激情和思想。

在 1944 年 4 月 3 日的日记中，18 岁的潘鹤统计了自己近两年雕塑的作品，数量是 56 个，其中两个月内所作的占到

[1] 谭元亨.潘鹤传[M].北京：西苑出版社，2016：85.

潘鹤自塑像（浮雕）。林旭娜 摄

1/4，大小各异的自塑像有 10 个[1]。辽宁美术出版社出版的《潘鹤：走进时代的艺术》中收录了他 1945 年的《自塑像》、1942 年的《父亲像》、1948 年的《高尔基》、1947 年的《赵少昂》四件作品，皆令人拍案叫绝。2023 年 9 月，广东美术馆“一个人与一个时代：潘鹤与新中国雕塑研究展”开幕，现场展出他 20 世纪 40 年代的作品《自塑像》一件、《外祖母肖像》两件、父亲坐像和头像各一件。现场观摩这些作品，观众也就不难理解 1943 年亲友看到刚刚完成的《父亲像》后为什么会大喊天才了。

这种天赋常常使潘鹤自己也赞叹、也震动，他在日记中写道：“坐”在画室中的父亲塑像用大张的白床布盖起来，活像一个巨人的爸爸很泰然地坐着，与李金发放在观音山上的伍廷芳铜像又有什么分别呢？什么人见了也惊叹我的才能啊！是的，值得人惊叹的，一个 17 岁的孩子便居然塑起一个巨大的父亲！一个世伯看着说：“我只听闻爸爸会生孩子，而未见过孩子会生爸爸的，你便是会生爸爸的人了。”我不禁大笑！爸爸即赋诗一首：人语你似我，我语似什么。你由我儿造，我儿由我来。脱却臭皮囊，有你没有我。再历风与霜，你我都不在。世事本如斯，大

[1] 广东美术馆．潘鹤少年日记 [M]．广州：新世纪出版社，1997：120.

都如是过。[1]

1945年日本投降后，潘鹤主要活动地是广州和香港，其间曾参加过两次美展，向英国官员出售了三幅水彩作品，还塑造了赵少昂、冯翰伯、云逢铨铜像和高尔基像[2]。正在他获得赴美国波士顿美术馆艺术学院留学机会之际，广州即将解放的消息传来，潘鹤认为艺术将迎来新生的时代，不再像过去一样被社会所轻视践踏，随即放弃留学机会，并于新中国成立后迫不及待地乘坐香港至广州的列车回家。

1949年12月18日，刚回到新生祖国的潘鹤兴奋不已，他“望到了国家的前途，望到了艺术的前途……”。对比从前米开朗琪罗为帝王发挥了最伟大的天才，完成了历史上无以匹敌的雕刻，现在，潘鹤期望能为群众发挥才能，完成他“此生唯一的宿愿”，他大声疾呼，“我愿争取将此生的精力为新时代留下千百万件作品”，“艺术应永生于人民当中”，“只爱自己，只爱艺术是不够的”[3]。

历史的吊诡正在于这种种戏剧性。后来，潘鹤在澳门时曾经默默观察学习过的夏志刚不再把艺术重心放于雕塑上，而潘鹤则一生不易志趣，极具天赋而始终执着勤奋，无论面对多少人性黑暗和波折，始终以理性和智慧去平衡种种变幻莫测的力

[1] 广东美术馆．潘鹤少年日记[M]．广州：新世纪出版社，1997：85.（略作删改）

[2] 谭元亨．潘鹤传[M]．北京：西苑出版社，2016：285.

[3] 广东美术馆．潘鹤少年日记[M]．广州：新世纪出版社，1997：153.

2015 年，潘鹤接受林旭娜（右一）采访。左一为广州美术学院青年教师谭文选。
肖雄 摄

量，终于“笑到最后”，成为20世纪最具代表性的雕塑大师之一。

29 岁，首次亮相《人民日报》

在新中国成立后的官方报纸档案中，笔者找到了潘鹤的名字，它第一次亮相于1955年4月10日《人民日报》第3版“专栏”中一篇由漫画家、报人沈同衡写的文章：《丰富的收获——记“第二届全国美术展览会”》。

沈同衡在文章中热情点评：“雕塑作品在这次展览中比过去多得多了，每一间展览厅里都有雕塑作品。除雕塑家刘开渠、王朝闻、萧传玖、张松鹤等的作品以外，大部分都是青年雕塑家和他们集体创作的作品。潘鹤的‘课余’，袁晓岑的‘母女学文化’，以及中央美术学院雕塑系学生们塑造的几座工人立像和一部分浮雕，都是值得我们注意和重视的。”这一年潘鹤 29 周岁，是华南文联艺术青年中的一员。

新中国成立后的几年，潘鹤画画较多，主要是连环画、年画、门画、招贴画等普及美术，在这些工作中，他与同为画家的才女张幼兰相识相知。在美术界前辈黄新波不断点拨下，原本放言终身不娶的潘鹤蓦然发现，爱情除了轰轰烈烈，也可以是完全不同的宁静，两人终于走进婚姻。

《课余》又名《当我长大的时候》，正是孕育于这段平静温馨的关系中。为参加即将召开的广东省第二届美展，潘鹤于 1953 年创作了这件作品，此后连续在第二届全国美术展览会、瑞士国际母亲节大会、波兰第五届世界青年联欢节展出。

在毛泽东同志亲自观看全国美展作品并挑选出国展览代表作的时候，《当我长大的时候》引起了他的注意，领袖在作品前面停驻，兴趣盎然、满面笑容地与工作人员交谈。这一幕被摄影师拍了下来。

尽管《人民日报》对潘鹤的第一次关注被一笔带过，但在信息和权威传播渠道极为稀缺的时代，登上《人民日报》已足以让一个普通人一夜成名。借助这件获奖作品，潘鹤在新生的中国艺术界崭露头角。1955 年 5 月 1 日，《人民日报》第 3 版专栏文章再次提到潘鹤和他的作品《课余》[1]。

[1] 王朝闻 . 创造性的构思 [N]. 人民日报，1955-05-01(3).

全国许多人知道了潘鹤的名字。“毛主席、周总理知道我，当时的中宣部副部长、文化部副部长周扬也认识我了，以后一些雕塑任务就点名要我做。”潘鹤说。

据不完全统计，全国至少有 50 多家刊物登载了《课余》[1]。

作为雕塑家，镌刻在白石青铜上的潘鹤长久以来已深入人心，报纸、书信等旧纸里的潘鹤还有许多有待挖掘的价值。

1956 年对潘鹤而言，最重要的事情是创作了《艰苦岁月》和《两代》[2]，以及当选为中国美术家协会理事。年底，中央军委为庆祝建军 30 周年，向各省美术界征集作品，省里给潘鹤分配的任务是画一幅关于琼崖战斗的油画，潘鹤为此专门到老根据地走访采风，听老游击队员讲了许多生动传说。

“我常常激动得热泪盈眶，回头看自己的草图却平淡苍白。”潘鹤说，没有深入调查采风，作品很容易想当然，但他很快发现，面对过多的材料容易停留于表面而忽略本质，要理解“入法出法”的道理，“用最大的勇气推开材料”。

经过一段时间的研究，他的构思开始落在海南游击队退守母瑞山一段，并访问了该队 25 人中仅存的冯白驹将军。

时任广东省副省长、原广东军区副司令员的冯白驹口述了 25 名游击队员的个性

[1] 周佐愚，郑天健．潘鹤的青年时代[J]．美术学报，1998(1).

[2] 亦名《得了土地》。

潘鹤作品《艰苦岁月》。林旭娜 摄

和故事。其中一位很喜欢讲故事、爱说笑的战士给潘鹤留下了深刻印象，他觉得在长达一年的绝境中，野果野菜果腹、树叶树皮覆身，还要时刻防御敌人进攻，居然能够谈笑自若实在不简单，决定将其作为构思的线索，用较有形象特点的吹箫情节代替了无声电影般的讲故事动作，因为音乐更能将人的思想引向远方。其后又觉得雕塑比油画更强烈，可以更鲜明地突出主体，不为背景冲淡，开始重新设计雕塑布景。

“至于形象方面，着重加强了老少之间的对比，苦与乐、灵与肉的对比。”潘鹤在 1961 年《美术》杂志上发表的文章中如是说。

《艰苦岁月》完成的时候，已经赶不上送审小样。潘奋告诉笔者，当时的广东美术当家人黄新波以自己的人格担保，拍板直接将这件作品送北京参加预展，最终由原广州军区派专机送达。

一开始，匆忙赶送到北京的《艰苦岁月》被放在一个很不起眼的角落，但不合常情的一幕再次发生。

1957年8月1日建军节，《人民日报》第8版“专栏”发表了《两条半枪闹革命——红十军初创时期的片断》，唯一的配图就是《艰苦岁月》。

不久后，潘鹤发现全国媒体对这件作品展现出了超乎寻常的关注，热度不断升温，包括《人民日报》、《红旗》杂志、《光明日报》在内的全国至少200多家报纸杂志刊登了这件作品。

“后来我到北京，当时才30出头，觉得很奇怪，为什么跟首长安排在同一桌吃饭，接着很多人过来举杯祝贺我，才知道原来《艰苦岁月》得了大奖。”潘鹤说，回到广东后他还收到寄来的800元奖金，而其他老师辈获奖者奖金只有几十元，他感到不明所以。

“惊喜之余我父亲其实未免有点莫名其妙，琢磨不透为什么如此受欢迎。”潘奋介绍，直到20世纪80年代，潘鹤在《解放军画报》上见到一幅油画才恍然大悟。这幅油画表现的是陈毅、邓小平、彭德怀等在《艰苦岁月》雕塑前兴致勃勃交谈的情景，潘鹤才明白原来《艰苦岁月》被认为是表现长征精神的作品，激发了他们的记忆和共鸣[1]。后来，取材于这件作品的课文《在艰苦的岁月里》被收入1988年

[1] 潘鹤．潘鹤全集・叁[M]．广州：中山大学出版社，2014：46.

人教版小学《语文》第六册，更让它成为数十年来几代人的共同文化记忆。

《艰苦岁月》的诞生，代表着潘鹤艺术创作开始走向成熟。自这件作品起，一种着力表现人性、体现作者世界观、表现历史现实社会的创作风格被确立起来，这种风格后来被理论界和雕塑界称为“南方雕塑”，与当时苏联式的学院派教条主义形成反差。

这个时候，32 岁的潘鹤已至少 3 次在《人民日报》和其他 200 多家媒体上发表作品，并且从此时起，潘鹤的名字一直是《人民日报》等主流媒体的常客，其间有过一段时间的间隙则耐人寻味，对应着大环境的变化和个人遭际的起落。

1958 年 10 月 31 日，《人民日报》第 8 版刊登潘鹤雕塑作品《两代》。1960 年潘鹤调入广州美术学院雕塑系，任教研组长。这一年的 9 月 28 日，《人民日报》第 7 版刊登《为创造最新最美的艺术而奋斗——在中国美术家协会第二次会员代表大会上的报告摘要》，《艰苦岁月》再次成为唯一配图，图片说明与此前相比尤为郑重：“《艰苦岁月》（潘鹤）是以思想性深刻博得群众好评的作品。”

1961 年至 1976 年，潘鹤的大部分时间用于教学。利用带学生“上山下乡”的机会，他用铁烟盒自制装备，揣在口袋里，走到哪画到哪，留下一大批 10 厘米大小反映阳江渔港、田间风景的水彩、油画速写，还做了一批头像速塑。

1961 年起至 1979 年，潘鹤只有 2 次登上《人民日报》，一次在 1961 年，他的新作《省港大罢工》发表，一次在 1963 年，木雕《渔家小姑娘》发表。此后长达 16 年，《人民日报》上不再有潘鹤的名字，直到 1976 年之后，潘鹤才又一次爆发了他在雕塑上雄浑的创造力，并于 1979 年再次频频“霸版”。

“《艰苦岁月》《开荒牛》《自我完善》被视为潘鹤版的过去、现在、未来，是他对时间和人的价值的理解。”潘奋期望有一天这三件作品能够在深圳市委门外广场同一个空间中集体亮相，完成潘鹤曾经的设想。

原来，潘鹤在完成《开荒牛》后，答应赠送给深圳一座放大的《艰苦岁月》，并承诺为深圳再做一座《自我完善》，代表历经艰苦岁月开荒成功后，还要不停歇地进行自我完善。但因为第一个版本的《自我完善》是一个女性胴体，有人提出不适合放在市委大院内，后来潘鹤又打造了一座男版《自我完善》，但最后仍未与前两座作品摆放在一起。

对雕塑的社会功能深信不疑

“文革”中，潘鹤被当成“牛鬼蛇神”关进了牛棚，1976年，“文革”结束，他也得以再次出山。这一年，他为中国人民革命军事博物馆创作《大刀进行曲》，为省美展创作《路》，与星火燎原馆合作创作《攻占总统府》。

随后，潘鹤当选为广东省美协副主席，受聘担任广州美术学院副教授、雕塑系主任。在1977年主持南昌起义纪念碑浮雕群之《宣布起义》时，潘鹤首次提出了后来影响深远的观点——“雕塑应该走向室外”。

1978年在中国历史上是一个重要的年份，党的十一届三中全会在年底召开，一个新的历史篇章已然开启，包括潘鹤在内的艺术界很快感受到了早春气息，面对失去的10年，潘鹤心态上仿佛年轻了10岁。

潘鹤“平反”后，中国人民革命军事博物馆希望他做一座鲁迅像，潘鹤欣然接受，这就是著名的《睬你都傻》（亦名《横

潘鹤作品《睬你都傻》。林旭娜 摄

眉冷对》)。雕塑中，鲁迅高扬起头颅，发出蔑视的眼神，对一切丑恶、反人性艺术发出强烈不满，一遣雕塑家心中块垒。

潘鹤曾告诉学生钱海源，做鲁迅像只花了 5 个小时，但想塑造这个作品却想了 30 多年，“这次一气呵成，使我舒了一口气”。

《睬你都傻》是潘鹤个人色彩和情绪最为外露和浓烈的作品，标志着一个更加开放、更具活力的时代的诞生，也开启了潘鹤全新也最为激情饱满的人生阶段。

至此，其所创造的代表作数量和影响力已经奠定了他在雕塑史上的重要位置，但面向与过去截然不同、充满选择的时代，他选择奋力完成一个过去没有机会完成的重要使命。

此时的他正忙于在校内展开“收复失地”行动，中国雕塑学会理事，广州美术学院雕塑与公共艺术学院材料雕塑教研室主任、硕士生导师夏天副教授接受笔者访问时说，“文革”时，雕塑系有五六间教室被外系借走，一个两系合建的陶瓷窑也旁落了，潘鹤雷厉风行，很快将所有工作室和教室都收回，并筹到资金于几年中建造了当时全校最大的新教学楼。

但令雕塑人尤其失落的是，当时全国的美术学院都视小型雕塑为出路，因为可以出口商品置换外汇，在这样的风气下，全国大多数雕塑系几乎沦落为手工作坊。

“改革开放之初，雕塑艺术家的地位是很低的，那时候全国流行的工艺品是石湾陶瓷、木雕、象牙雕，没人将雕塑作为艺术品看待。”潘鹤如是说。

这时，外资开始乘着改革开放的春风进入珠三角，霍英东、何鸿燊在中山市三乡镇投资兴建了中山温泉宾馆，这是中国第一家中外合作酒店，计划投入10万元用于文化包装。当时国画行情最佳，高达几万元一张，油画1万多元一张，版画1000多元一张，雕塑一件只有200元。代表系里去开会的系副主任李汉仪回来传达，温泉宾馆希望雕塑系做10个石湾公仔，共2000元，雕塑系全体老师气愤不已。

不料，潘鹤却拍板要做，不但做，还要做大，亏本也要做，条件是不能放在室内，而要放在室外。

当时全国宾馆未有室外放置大件雕塑的先例，最多只是室内陈列，潘鹤和同事的“赔本生意”做下来，效果却出乎意料的好。

为中山温泉宾馆定制的这件“九童温浴”大理石雕雅俗共赏，还未正式安上的时候，喷泉上先临时放着石膏像，已被人拍了几万次照片，游客和住宾馆人士都很喜欢这群千姿百态、小心翼翼试探温泉水暖的孩子。管理方敏锐地捕捉到这个信息，随即与雕塑系开展了多期合作，直到整个宾馆能做雕塑的地方都摆上作品。当时全国的酒店业正处在向外资企业看齐的阶段，遂也争先效仿中山温泉宾馆户外摆放雕塑的创举。

当日历翻到 1979 年，《人民日报》时隔 16 年终于再次出现潘鹤的名字，这次刊登了他的雕塑《白求恩》。这件作品获得了全国美展三等奖，潘鹤曾告诉学生，他做《白求恩》仍是采用“借题发挥”的手法，表达了“做人就要做高尚的人”的观念。

同年，北京毛主席纪念堂广场雕塑修改筹委会组织了一个雕塑艺术考察团赴西欧参观。潘鹤首次走出国门，用一个多月时间在 9 个艺术积淀深厚的城市深入考察，包括巴黎、罗马、威尼斯、佛罗伦萨、米兰、梵蒂冈、费拉拉、那不勒斯等。一回到广州，美术教育家、油画家胡一川第一句就问潘鹤：“看到了吗？”潘鹤立即回答：“看到了。”

“我知道他问的是世界名作的原作，真的全看到了，看了 3 万多件原作，这也了却我 40 年的心愿了。”1980 年 1 月 14 日，潘鹤在给学生钱海源的书信中略带兴奋地说。可见一睹他少年时就深思追慕的米开朗琪罗、罗丹等伟大雕塑家的原作，令潘鹤在精神上得到极大满足。

“父亲这一生最佩服者，唯米开朗琪罗耳。他少年时非常狂妄，在日记里放言，当代世界配做他老师的，除非是米开朗琪罗再世。”潘奋说。

15 岁时，潘鹤写下“要和罗丹比高低，狂妄又何妨”的壮语，但狂妄是要本钱的。到了晚年，潘鹤认为自己已完全够格拿作品和罗丹“打牌”决一胜负，他的家中放着朋友用两人作品做的"PK册子",多年下来已被翻得十分残破。"你一件,我一件,打到最后才突然发现,罗丹的牌打完了,我手上还有一把。"2015年,潘鹤在家中接受笔者采访,他如老顽童般边翻开这本"PK册子"边笑着说。

在罗马,潘鹤狂热地观摩米开朗琪罗的摩西像,冒雨观赏贝尼尼的诺翁那喷泉;在圣彼得大教堂,他为米开朗琪罗的建筑作品激动;在西斯廷教堂,他注视着米开朗琪罗的壁画有感而发;在梵蒂冈博物馆,潘鹤在伟大作品中看到整个人类的智慧。

他在《欧洲夜谈》中写下:"历史是用石头写成的。"

在这里,他更加坚定了自己的理念:雕塑的价值、雕塑的未来在室外,应该开拓城市雕塑。

1980年1月,从欧洲考察回国后,刘开渠、陈卓予、潘鹤等5人代表考察团向国家计委提议成立全国城市雕塑领导机构,拨款复兴城市雕塑。在广东,潘鹤则建议将广州解放纪念碑领导小组保留并兼管广州市户外雕塑,他的建议被批准并被任命为副组长。《潘鹤赴意大利、法国考察报告提要》经学生钱海源整理,发表在湖南省美协《美术通讯》第2期[1]。

接着,潘鹤马不停蹄将观念直接变为行动,从珠海、深圳和珠三角新兴城市开

[1] 潘鹤,赵旭虹,梁志钦.当代岭南文化名家·潘鹤[M].广州:广东人民出版社,2018:331.

始“周游列城”，到处游说疾呼，终于闯开了禁区，刮起了旋风。

在 1979 年 8 月 23 日给钱海源的信件中，潘鹤感慨工作和生活越来越忙，腾下不多的时间全被海珠广场解放纪念像工程填满，因此写信无隙可乘，“真羡慕别人家晚上不是看电视便是听录音带音乐”，“我呢静悄悄在忙”。

在1981年3月30日的另一封信中，他再次向学生“诉苦”：近年来的工作愈做愈多，愈来愈忙，主动的时间越来越少，甚至愈来愈没有了。

“难办的是被动的工作亦是雕塑事业不可缺少的活动，拒绝活动亦即拒绝生存的机会，亦要义不容辞，才能打开局面闯出路子，工作、牺牲难得成全……只有硬着头皮顶下去，暂时放下雕刻刀去奔波了。”潘鹤自嘲这时的自己“简直是个经理，忙于事务，操心于活动，本来我包下研究生的课，答应了出大型选集，写8万字游记，还答应出国办个展，这一切都拖之又拖”。

最后，他又欣慰地告诉学生，“集体的工作却做了不少，雕塑已打开和城建合作的路子，社会已开始知道一点雕塑的功能”，尽管“今天才等于50年代社会知道一点国画的功能一样”，各旅游点都愿意和他们合作，但这只是打进城建的一个楔子的开端而已。

潘鹤还要言不烦地讲到自己如何利用报社等舆论培养观众的雕塑素养：“上次戴冰写了一篇专访，报社传来了群众的回响，见于文案见于讲话，已达到一定制造舆论的目的。这次报社又要他以美化环境为题再写一篇专访，我已谈了一两次了，希望加深社会对雕塑的印象。万事起头难，雕塑目前处境虽比其他困难，但相信前途比其他会更光明。因为不是雕塑无用，只是社会不识用这工具而已，一旦为人所识，就会否极泰来，我一向不赞同见异思迁，见难而退的。”

一个多月后，钱海源又收到潘鹤的来信：“这两年来，自创作了海珠广场解放纪念像后，都一直奔波于呼吁室外雕塑事，我这个人本来最薄脸皮，不愿求人，不为五斗米折腰的，但雕塑事业处于这么凋零窘境下，别人以为我有点影响，只能推上历史舞台硬着头皮，为室外雕塑的出路奔奔波波。希望不负这几年的牺牲。本来这几年，我本人不愁没雕塑可造，哪怕不活动也会（有人）求上门来，但一个人好又有什么作为呢，一枝独秀，到底经不起风吹雨打，到头来，仍是零落碾作尘而已。”

在信中，潘鹤坦陈了自己的历史人才观。他说，细观历史，任何时代任何民族，当时都有显赫一时的艺术家在。只不过历史无情，他们的光辉最终随着本人的权势、虚名、肉体消失而消失。对这种现象，潘鹤给出了自己的独特解读：历史能留下英名的艺术家，大多数是在某个时代某个民族艺术人才辈出的基础上产生的，他个人能影响时代及民族的水平，时代及民族又能反过来促进他个人的再突破。

“古希腊时代，文艺复兴的意大利，启蒙运动的法兰西，19 世纪俄罗斯的大师们都是在文艺极度繁荣的水位上水涨船高的产物。因此我个人的提高，实有赖于山花烂漫的时刻的到来，我知道终会到来。因为我对雕塑的社会功能，雕塑的感人力量是深信不疑的，这是我从少年时代到今天经过酸甜苦辣后始终如一的信仰。”秉持这一观念，潘鹤甘心放弃大量的私人时间，而将所有的精力用于推动社会提高对城雕的认识。

“这封长达 8 页的来信无疑是从思想深处了解潘鹤雕塑思想和艺术精神的钥匙。”作为美术评论家，钱海源有他的解读。

钱海源一生追随潘鹤，视其为人生和艺术的偶像，潘鹤的作品和观念深深影响了钱海源，对于潘鹤 40 余年前在信中所写，经过多年他仍然记忆犹新。

潘鹤曾真诚地对他和其他学生说，他愿看到学生个个成为社会上优秀的人才，甚至是不可多得的人才，“那么纵然我们这一代不能复兴雕塑，下一代也能振兴雕塑”，并引用韩愈《与于襄阳书》中的名言“莫为之前，虽美而不彰；莫为之后，虽盛而不传”。

轰轰烈烈带着雕塑系师生到处征战并打开局面的同时，潘鹤一直在艺术上保持高度的清醒。

潘鹤认为自己走的艺术大道仍然是过去反映革命历史社会题材那条路，“目前只不过为打开雕塑出路及沉默的局面而付出一段时间的精力而已，最后我仍会回到这些自我激昂的工作陶醉起来，希望能一件件搬到室外去，那么就不负此生了”。

对于推动城雕事业过程中那些集体创作，他承认有的是为了齐心协力打开局面，“作品都是来得匆忙的，应认为这是历史的产物”。

在信的最后一页，潘鹤告诉钱海源，自己必须今晚写这封复信，不然的话后天要出差到深圳赴市长的邀请接待10天。此时此刻，显然已是《开荒牛》的诞生前夜。

“现在的雕塑形势能时光倒转30年就好了，当我从香港回来投身革命的时候就是今天的形势多好呵，但而今双鬓已白，壮志未酬，真令我顿足疾首不已。”年过半百的潘鹤迫不及待地想把过去失去的时光弥补回来。

召唤“城雕的春天”

与私信中为雕塑走进城市、走进群众生活而使出浑身解数相对应的是，公共媒体上的潘鹤也呈现出了相应的变化，1980

年以后，《人民日报》上的潘鹤呈现出两个显著的特点：

第一，一系列大型城雕代表作呼啸而出，数量与质量令人惊奇。第二，潘鹤发表了多篇阐述雕塑思想的文章，最有影响力的是《雕塑的主要出路在室外》《社会主义国家是城市雕塑的最佳土壤》等，他的努力换来一个“绰号”：“最佳城雕宣传员”。

他还不断推动雕塑与建筑人才培养相结合的模式，如提出让广州美术学院雕塑系学生大学四年级在华南理工大学建筑系学习，经过多年努力，这一设想终于实现，他的儿子潘奋是第一批“试验品”。他还向广州美术学院申请由雕塑系毕业班与华工设计院合办雕塑与建筑相结合的一年制培训班，但被学院否决。

从后来全国各地基础设施建设的进程反观当时潘鹤的设想，他的前瞻性毋庸置疑。

当人们从广州黄埔新港乘船，驶过伶仃洋进入香炉湾时，便可望见在那波光粼粼的海天相连处，有位亭亭玉立的海中渔女。她颈戴项珠，腰系渔网，卷着微湿的裤脚，双手高高地托起一颗晶莹的珍珠，带着喜悦和赤诚将它奉献给大地母亲。

1983 年 2 月 27 日，《人民日报》署名陈貌的报道《珠海市城徽：“珠海渔女”》介绍了潘鹤和助手们踩点、设计、雕塑这件作品的过程，并以诗意的笔调描绘了南国滨海新城珠海市的城徽之美。

“特区海面上的‘珠海渔女’是我编出来的神话，”潘鹤曾向外界宣布雕塑家的神话创造权，“说明神话不仅古人可编，今人也可以编。诗人雅士可编，雕塑家也有权去编，不一定只能图解文人的神话或古人的神话。从今日开始，以后就可以成为神话传说。”潘鹤希望《珠海渔女》日后成为有纪念性的城徽，《珠海渔女》从形式到内容都是传说与现实性、传统与时代性的双融合。

珠海是潘鹤和雕塑系主力用新理念“攻克”下的第一座城。

1979 年，潘鹤的四条城建建议得到时任珠海市委书记吴健民的赞许，决定从有限的经费中挤出几千元请雕塑系改造香炉湾山坡。

此时的珠海，还仅仅是一片待开发的处女地，渔村散布，滩涂凌乱，天然的山海边，村民毫无章法乱建私房，全市连一间饭店宾馆都还未建起来。

由于村民乱砍滥伐，香炉湾山体斑驳难看，但潘鹤采风时发现，这里的山石很有特色，神似熊猫、狮子等动物，“要是能把这些石头美化一下岂不是更好？”征得珠海的同意后，雕塑系和请来的工人整整做了两年，鬼斧神工加上天然造化，珠海美丽的海湾边上出现了一座魅力独具的石景山公园。

风景很快吸引了海外游客，香港电视台也来拍摄，之后，珠海又请潘鹤创作《珠海渔女》和珠海市烈士陵园长 48 米的摩崖石雕。与此同时，蓬勃发展的特区珠海匆匆几年内，也从一个小渔村变成了一座越来越现代化的浪漫之城。

1982 年 8 月，中央批复成立全国城市雕塑领导小组及艺术委员会，潘鹤被任命为副主任，在成立大会上，潘鹤宣读了《社会主义国家是城市雕塑最佳土壤》，该文后来载于《美术》1982 年第 12 期。

1984 年 5 月 9 日，潘鹤第一次在《人民日报》发表署名文章《民族风格的时代性与现代风格的民族性——城市雕塑创作漫谈》，提出雕塑的出路越来越广，但雕塑的创作道路该怎样走下去，才适合我们这个国家和这个时代，却是一个不可回避的课题。如果走得对，人民就会需要它；如果走得不对，人民也会唾弃它。

9个多月后，后来成为经典的《开荒牛》照片终于亮相《人民日报》第8版，同时，还配有雕塑家程允贤的文章《潘鹤的新作〈开荒牛〉》。

文章说，雕塑家潘鹤别具胆识，为深圳市委大楼创作的雕塑群中的主像是一头牛，一头浑身是劲、脚踏实地、奋力前进、正在用力拔树根的"开荒牛"。这座大型青铜雕像一经问世，便受到了深圳人民的热烈欢迎。1984年12月初邓颖超同志在深圳参观时，看到这座雕塑非常欣慰。她称赞道，这座雕塑很有意义，并指出"孺子牛"应成为深圳市的座右铭。

《开荒牛》无疑是城雕黄金时期潘鹤新的巅峰之作，从此它亦成为中国改革开放精神的代言符号。

有了接二连三的成功，潘鹤在1987年大胆放言，"城市雕塑的春天已经到来"，立即被媒体用作头版头条的大标题。

有位黄姓雕塑家在湖南工作，看到广东城雕事业轰轰烈烈，希望调入广州美术学院，潘鹤将他的来信推荐给人事科，但学校表态无力解决。

潘鹤用自己的经历鼓励对方，他说，自己十分后悔在特殊年代闲得无聊失意时不好好利用时间优势躲起来潜修雕塑构思，现在得意时却没有时间创作，"临渊羡鱼不如退而结网，我估计湖南不出三五年，城市雕塑会出现一点曙光的"。

1983年，中国决定以国家名义赠送一尊雕塑给日本长崎的和平广场作永久陈列，最终潘鹤的《和平少女》被选中。

《和平少女》雕像的创作，经过多次反复推敲，先后设计了40多种草稿。在否定、肯定、逐步发展的过程中，逐渐明确了这样一个创作思路：正义、人心向背是一种巨大的力量，只有当人们憧憬未来，追求光明，热爱真善美，才能自觉地珍惜和平，维护和平。潘鹤和合作者决定雕刻一个美丽、善良、抚爱着和平鸽的当代中国少女。她是美的化身，是“和平女神”，用艺术的力量，引起人们的共鸣[1]。

在这件作品上，潘鹤匠心独到。因为主办方对各国一视同仁，规定雕塑限高两米，为了使这座城雕显现度更高，潘鹤将少女设计成上半身前倾，双手张开，略向后护卫白鸽的造型。这样一来，既没有超规，又比其他雕塑大得多。《和平少女》是第一座放在国外的中国雕塑。

1985年，因为《和平少女》，潘鹤又三次登上《人民日报》。雕像的和平主题鲜明，意义深远。1986年、1987年，潘鹤为澳门镜湖医院设计塑造孙中山先生铜像，揭幕仪式消息和作品分别登上《人民日报》。1987年7月6日大型雕塑《怒吼吧，中国》、1987年7月7日《大刀进行曲》又接连见报。据笔者统计，这是20世纪80年代潘鹤第12次在中国最权威的媒体上曝光，无疑从某种程度上说明，潘鹤确为无法绕过的共和国顶尖的雕塑家。

[1] 潘鹤，王克庆，郭其祥，等.和平雕像的创作[N].人民日报，1985-07-19(8).

文艺评论家黄渭渔认为，潘鹤的作品，一是质量好，二是数量多。一个生动的例子是，在国家级的历史博物馆、军事博物馆中，一个雕塑家一生能陈列上一件作品已经算不简单。但他1992年去北京，见到每个馆里陈列的潘鹤作品都多达六七件。黄渭渔还注意到，在两馆陈列中，很多人的作品因为各种原因被轮换掉，而潘鹤的作品，如《大刀进行曲》《艰苦岁月》等，始终被陈列在显眼的位置，并得到观众的赞赏和共鸣[1]。

正如著名雕塑家梁明诚所言，“我们找不到另一个雕塑家，在他一生的作品中，像潘鹤教授那样对20世纪的中国历史做了如此真诚而强烈、全面而深刻的表现”，“我们也找不到另一个雕塑家，像潘鹤教授那样，对本世纪的雕塑事业做出了全方位的贡献”[2]。

“广东没有一个艺术家能像潘鹤在雕塑界这样，有如此的影响力。中国画的权威不在广东，油画的权威不在广东，但中国雕塑的权威，正是潘鹤。可以说，他是中国现代雕塑语言运用得最好的雕塑家。”[3]美术理论家梁照堂的评论大胆直白。

但潘鹤认为，自己的作品内核是“人性”，是追求在这历史变革的激流中去

[1] 潘鹤，赵旭虹，梁志钦．当代岭南文化名家·潘鹤[M]．广州：广东人民出版社，2018：93-94.

[2] 梁明诚．关于潘鹤[J]．美术学报，1998(1).

[3] 潘鹤，赵旭虹，梁志钦．当代岭南文化名家·潘鹤[M]．广州：广东人民出版社，2018：41-42.

寻找那些朴实的高尚的人性，正因如此，作品才立得住。比如《艰苦岁月》诉说有信仰就不会怕困难的人性；《开荒牛》诉说只有创业者才理解其中艰难的共有人性；《省港大罢工》诉说遭受不平等、被侵犯、被侮辱的罢工者的愤怒、无畏；《怒吼吧！睡狮》反映谁都不愿意被压抑、盼望觉醒的人性；《自我完善》说明一个人或一个民族一个时代都会经历从不完善到完善的过程，都有它可以完善的人性亦有它尚不完善的人性[1]。

[1] 1989 年 12 月 20 日给钱海源的信中，潘鹤对学生在文章中将他说成"当代雕塑艺术中一面光辉旗帜"表示"不敢当"，而后对自己的作品发表了长篇的"人性论"。

艺术不应该只被私人赏玩

2010 年，85 岁的潘鹤很忙，先是获得广东省首届文艺终身成就奖，然后为深圳市委大门广场创作 3 米高的铸铜主题雕塑《自我完善》，为叶挺 115 周年诞辰创作 5 米高的骑马铜像，为广州光孝寺六祖殿重塑 2 米高铸铜《六祖惠能坐像》[2]，为表达对 2010 广州亚运会的支持夜以继日赶工完成了广州新中轴线亚运标志雕塑《启航》[3]，同时，着手筹建潘鹤雕塑艺术园内"潘鹤艺术馆"。

[2] 与潘奋合作。

[3] 与潘雷合作。

很少人注意到，在诸多工作的间隙，这一年他还画下一张极具个人色彩的国画《有感》，这件作品在《潘鹤全集·贰》

“书法与水墨画”一章与《当代岭南文化名家·潘鹤》第三篇《潘鹤作品·书画》中都被放在第一张[1]。有意思的是，2013年笔者第一次登门采访时，潘鹤先生曾兴致勃勃地将这张作品展示给笔者，并用略显调皮的语气直截了当地介绍：“鹤立鸡群。”画中，绝对主体是顶天立地头朝天际高高昂起，足如柱、爪如钩，卓然不羁的丹顶鹤，鹤的脚下是点墨法绘就的几十个墨点，状似小鸡。

相信潘鹤自己应该很喜欢这张画，它与一件名为《老子天下第一》的老子塑像相映成趣。其承载的不仅仅是少年潘鹤日记中“狂妄又何妨”的气质，更是潘鹤在新的时期对于艺术价值的透彻理解。相应的，无论是接受采访、写“打油诗”还是在个人书信中，对于艺术圈的恶习和自我庸俗化，他都给予毫不留情的批判。针对艺坛过度逐利现象，他写下“转眼人间八十年，世风日下钱钱钱。老来方知图悲愤，能颠就颠过一天”[2]。在潘鹤的多封书信中，他不止一次向学生讲述在正常获得城雕项目过程中自己遭受的中伤，也坦言自己对浮名和利益实际上并不在乎。晚年，潘鹤将自己的居室取名“戆居居”[3]，以“戆居居士”自谓，“随时选择糊涂”。

在潘鹤看来，不少艺术家以自己的作

[1] 潘鹤.潘鹤全集·贰[M].广州：中山大学出版社，2014：247.

[2] 潘鹤.潘鹤全集·贰[M].广州：中山大学出版社，2014：249.

[3] 粤语意为人傻乎乎的样子。

品被收藏为荣，但他却一针见血地指出，艺术不应该只被私人赏玩，因此，他将毕生的主要精力放在创作和推动大型广场雕塑走进城市，走进公共生活。

“如果我在新中国成立前夕不醒悟过来，认识到‘艺术应该归于人民，属于社会，不应该只为某一个人的喜爱而卖身’这一意义的话，我就不会在国内外30多个城市树立过百座雕塑了，只能日日夜夜为某一个人观赏而已。成败与否，我无所遗憾。”潘鹤说。

谭文选为潘鹤先生篆刻《戆居居》（2015年）

20世纪40年代初，他跟随岭南画派知名画家黄少强学习国画五个星期，直到黄少强因病离世，时间很短，但影响至深。采访中潘鹤曾说，黄少强不以艺术为谋生手段，哪怕倾家荡产都要周游全国去认识社会、认识生活，他用艺术描绘人间疾苦的思想和行为深深影响了自己。

在20世纪多灾多难的中国经历过风风雨雨的潘鹤尝遍人间百味，潘鹤曾自己统计过，其整个艺术积累期和创作期，经历了16次战争逃难、38场政治运动。他曾写过一篇文章，题目是《生不逢时，千载难逢》，

2019 年，在广州美术学院潘鹤的家里，潘奋讲述父亲的故事。徐杰 摄

“生不逢时”是指生逢乱世居无定所，经常逃难，而“千载难逢”是指没有这些人生磨难，他不可能创作出那样的作品。

1945 年 12 月，20 岁的潘鹤在日记中提出一个早熟的文艺观点，太平时代的艺术会生出很多懦弱的作品来，因为从它们身上，可以看见一种玩物丧志的倾向，而战争令艺人意志觉醒，使绘画回到现实，激起民众的共鸣，更激发艺术的价值。

这既是少年老成的艺术独白，也一早地宣明了其审美趣味，其中真味亦与中国文学中“文章憎命达”“诗以穷而后工”“欢愉之辞难工，穷苦之言易好”一脉相承。

无论是少年时与表妹真心相爱却被现实棒打鸳鸯，还是后来无法避免的时代棍棒、起起伏伏和遭遇的几场大病，最终都成为滋养艺术之花的土壤和力量，雕塑也好，日记也好，绘画也好，意志的抵达，情绪的释放，合力将其从残酷现实的泥沼中拯救出来，而磨难也反过来成就了潘鹤的艺术见地和表现力。他曾跟学生幽默地说，自己用阿 Q 精神告诉自己，“无苦可刻，因乐在其间”。

他在广州美术学院的家中一直挂着岭南画派大家杨善深给他写的一副对联“能受天磨真好汉，不招人妒是庸才”，算是对此的总结。

在写于1991年1月18日的一封信[1]中，潘鹤回应有刊物向学生约稿写自己，善意提醒要防止从一个极端跑到另一个极端，“我极不喜欢赶风头，我仅是遵从着我的信仰从事艺术，如有雷同实属不谋而合”。

潘鹤意犹未尽地说，在苦难的20世纪，自己不能无动于衷谈风月，因此不知不觉拿起雕刻刀来反映这种感受：“我不求权贵宠不宠爱，不求富翁买不买，至于权贵依然宠爱，富翁依然收藏，是他们的事，与我无关。我时时为我作为一个艺术家能生长在这个时代而沾沾自喜，艺术的永恒价值，在于代表一个历史阶段的世界观，而观念决定于本人生长的时空条件，并不能效仿学习得其万一。”

求真，是潘鹤为艺的第一原则。“我做雕塑，最重要的是心中有话要说，要说我之所想说。”“艺术应该纯洁，隐瞒世界观的作品是好是坏都不能打动人，何况本来就隐瞒不了。”无论是《艰苦岁月》《睬你都傻》，还是《开荒牛》《珠海渔女》，没有一件不是艺术冲动和“有话要说”的

[1] 潘鹤致钱海源的这封书信共4张纸，正反面写满7页，是了解其艺术思想珍贵的一手文献。

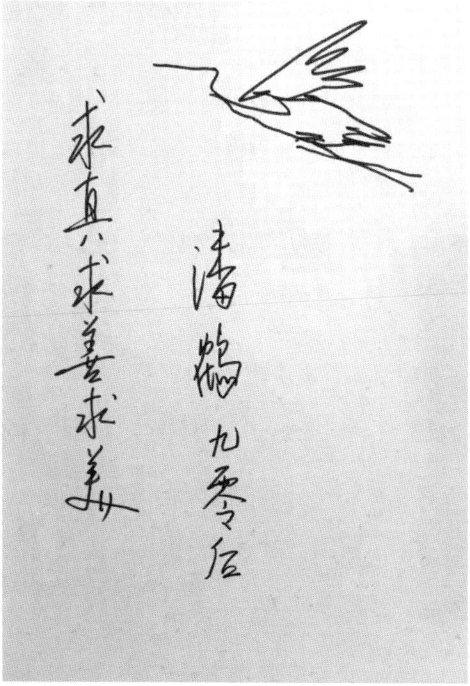

2015 年 8 月接受笔者采访后，潘鹤先生画下他经典的“一笔鹤”并题写“求真求善求美”相赠

结果。其人真率，其作品也生机勃勃。

多年前接受笔者采访时，潘鹤就指出，艺术作品的风格就是艺术家的人格，如果艺术家自身没有真实的感情，不以真实为第一原则，则作品的美和善都是假的。作者感情真，作品才能做得真，艺术只有感动了自己，才能感动别人。

因此潘鹤最看重作者的人格魅力，指出风格即人格，文艺界不要成为文“伪”界。

1985 年苏联科学院编写出版的《世界美术通史》六卷巨著里，提及 20 世纪中国油画雕塑部分只介绍了吴作人、董希文、刘开渠和潘鹤四人。潘鹤明白，他已得到了艺术史和社会的承认，他的艺术道路没有走错方向。

他认为，文明史、文化史的构成像一条长链一环扣一环，不能缺少一环，美术这一环很重要。在急剧的历史变革中 100 年顶 1000 年。“物罕为贵，从价值观来说，我们 100 年出一个（大艺术家）胜于上一历史阶段 1000 年出一个了。这不是千载难逢的机会吗？我们这一代后无来者了，我是甘心属于 20 世纪的中国的。”

生而多病的潘鹤曾被医生预言活不过 20 岁，青壮年时期也多次染上重疾，却往往逢凶化吉，他也常以乐观的态度视这些创伤为馈赠和庇佑。

1958 年，潘鹤患上格林巴里综合征，一开始高烧不退，下肢皮肤开始失去感觉，病毒入侵很快，出现吞不下东西、眼球转动失灵和复视等症状，继续发展可能危及生命。正当一家人急得焦头烂额时，一种专门治疗此症的特效药 A.C.T.H 刚刚在瑞士发明出来，正处在试验阶段，并未投产。潘鹤配合医院主动接受试验，竟奇迹般恢复了。也是在这一年，其雕塑作品《艰苦岁月》被选中到莫斯科参加社会主义国家造型艺术展。

1976 年，潘鹤患腹膜炎病危，先后在腹部开刀 8 次。然而也是这一年，他为中国人民革命军事博物馆创作了《大刀进行曲》，与星火燎原馆合作创作了《攻占总统府》。值得一提的是，《大刀进行曲》创作时正是“四人帮”猖獗的年代，潘鹤塑造的英雄形象跳脱了当时流行的衣冠齐整的刻板风格，选择用大刀、老农等形象突显出全民抗战的光芒，因此，著名雕塑家钱绍武在 1981 年评价这件作品时肯定他“能排除帮风帮气的干扰，这正是一个艺术家的可贵”。

1987 年，潘鹤翻车落河，掌骨伤折。这一年，他创作了卢沟桥《怒吼吧！睡狮》石像、井冈山《王佐》骑马铜像、呼和浩特《和亲》双人骑马铜像、广州南越王博物馆红石浮雕墙（约 400 平方米）、海南岛重作《艰苦岁月》铜像、佛山医院《华佗》铜像、广州起义纪念馆《彭湃》石像、《关山月》铜像、新会《陈经纶》石像。这一年，他还组织发动为广州人民公园捐献雕塑并重做《鲁迅》铜像。

有意思的是，2006 年，八旬高龄的潘鹤因身体严重不适住院疗养，但他在此期间也不忘雕塑，以周边医护人员或探病朋友为模特，以速塑方式在病床上创作了数十座小雕塑，自嘲为“床上功夫”，随后展出，引起轰动。

潘鹤说过一句广为流传的话：“人生苦短，艺术可长。”尽管他每件重要作品诞生时都受到或多或少的非议，但潘鹤和他的雕塑如今已件件得到社会承认，再无异议。

再回首，已百年。

2020 年 11 月 22 日，95 岁的潘鹤在广州逝世。

尽管处于新冠疫情时期，其时却是三年中难得的平静间隙，潘鹤的追悼会上来了数百人，前来悼念的人们在广州美术学院潘鹤艺术馆中排了一两公里长。 午后，潘鹤安葬，百余人到场送别。

潘鹤的后人认为他从容走完了精彩和有福的人生。正如他晚年为自己塑的一座坐像，“笑到最后”。

包括《人民日报》在内的媒体重现了潘鹤年轻时曾经得到过的热度，人们在不舍中痛别一代雕塑大师。

陈焕镛

陈焕镛

一草一木总关情

在海外，他发现中国人想研究自己国家的植物却不得不到美国或欧洲的研究机构寻找标本和文献，萌发了自己研究中国植物的念头。顺着这唯一的主题，他在自然与书斋中开启学术人生的千里之行，竹杖芒鞋轻胜马，一蓑烟雨任平生，为一枝一叶正名，为一草一木立传，终成为中国华南植物研究第一人，与著名植物学家胡先骕并称“南陈北胡”。

人物名片

青年陈焕镛。华南国家植物园供图

陈焕镛（1890—1971），字文农，号韶钟。祖籍广东新会，生于香港。著名植物学家，《中国植物志》第一任主编，中国科学院第一批学部委员（院士）。创建了中山大学农林植物研究所（华南植物研究所前身），建成中国南方第一个植物标本室，负责创建了中国第一个国家级自然保护区——鼎湖山国家级自然保护区，发现100多个新种、10多个新属。

如果说人生如戏，那么陈焕镛人生的开幕，比绝大多数人都要充满戏剧性。

他生于一个殷实的官宦家庭，因为父亲陈言事业上能够踏足海内外，又学贯中西，因此他人生的第一口“奶”就有国际化、开风气之先的“营养”。

籍贯广东新会的陈言，极有才华，1872 年，他负责创办了香港最早的华文报纸之一《华字日报》。值得一提的是，张之洞到伦敦为英国维多利亚女王庆贺 100 岁生日时，翻译官就是陈言。

作为外交官，陈言还有一段跨国婚姻，而陈焕镛恰恰就是这段婚姻的结晶。

任清政府驻古巴领事期间，陈言娶古巴籍西班牙女子伊丽莎为第四房太太，1890 年，伊丽莎在香港生下陈焕镛——陈言的第十三个孩子。

儿时，陈焕镛跟随父母回到中国，7 岁时移居上海，15 岁时陈言去世，陈焕镛和母亲回到广东，定居广州，曾就读于广肇中学。几年之后，希望接受更现代教育的他被父亲友人带到美国继续读书。

浓缩的童年情节跌宕，学术的人生依然引人入胜。

在远离中国的大洋彼岸，混血青年陈焕镛迅速找到自己的学术志向，并且发育出一颗纯正的中国心。在欧美各国标本馆，陈焕镛看到中国的植物标本一件件陈列其中，研究中国植物的成果用不同文字发表于各国出版的刊物上。然而中国人想要了解自己国家的植物，却不得不到美国或者欧洲的研究机构去找，他萌发了中国人自己研究中国植物的念头。

顺着这唯一的主题，他在自然与书斋中开启学术人生的千里之行，竹杖芒鞋轻胜马，一蓑烟雨任平生，为一枝一叶正名，

少年时代的陈焕镛。华南国家植物园供图

为一草一木立传，终成为中国华南植物研究第一人，与著名植物学家胡先骕并称“南陈北胡”。

植物“情人”多劫难

1919 年，陈焕镛在哈佛大学取得林学硕士学位。毕业时，陈焕镛获得舍尔顿奖金 500 美元，按惯例，这笔钱将用于获奖者前往欧洲游历。

陈焕镛却向学校提出要到中国采集标本。

时任阿诺德树木园主任的美国著名分类学家沙坚德（C.S.Sargent）建议他去海南岛，认为那是中国植物标本采集的空白点。

1919 年 10 月，踌躇满志的陈焕镛只身前往海南，从此开启了中国现代植物学分类研究的多彩图卷，也开启了他多灾多难又极有建树的学术之旅。

陈焕镛毕生“心之念兮”的是如何采集植物标本和搜集植物资源，甚至看得比亲人和个人名誉还重。草木无心，造化弄人，挚爱偏偏如“冤家”，为了标本，陈焕镛多次遭受横祸。

中国科学院华南植物园吴德邻研究员告诉笔者，血气方刚甚至还有点鲁莽的陈焕镛于 1919 年从哈佛只身出发，只携带简单的采集用具就前往海南岛，计划在那里逗留一年。

当时的海南岛可不像现在，交通非常不便，生活极其艰苦，但陈焕镛依然坚持采集。

不幸的事却发生了，在海南，陈焕镛先是被毒蜂蜇伤，继又罹患恶性疟疾，终因体力不支，不得不遗憾地终止采集，前往上海治病。

更不幸的是，他首次海南之行采集的标本，存放在上海招

1958 年，陈焕镛与苏联著名植物系统学和区系学家塔赫他间院士（左一）、拉夫连科院士（右一）讨论学术问题。黄观程供图

商局仓库时因为发生火灾全部被烧毁，这无疑给刚刚走上学术之路的陈焕镛当头一棒。不过，这次采集让他看到了海南植物资源的重要性，此后他多次派人前往采集，为日后编纂《海南植物志》奠定了基础。

意想不到的是，劫难对于这位植物“情人”来说，仅仅是个开始。

1922 年夏天，陈焕镛和植物学家钱崇澍在南京凑集经费 500 元，与秦仁昌等一起组织鄂西植物调查队，共采集近千份标本。这是中国植物学家自行组织的第一次大规模调查队，意义重大，所得最完整的一批标本存放于上海招商局仓库。无情的劫难再次降临，1924 年，一场大火不期而至，标本全部被焚。

无常给他以痛，他报之以一往情深。

1927 年的陈焕镛，是中山大学的一名教授，此后数年间，他又继续往粤北、广州、香港、广西、贵州等地采集标本，与此同时还和英、美、德、法等60多个国家的学者和标本馆联系，交换得3万多份外国标本。

1928年，陈焕镛在过去历年所采得标本的基础上，终于建立了中国南方第一个具有一定规模的标本馆——中山大学农林植物标本室。

标本室成立5年后，陈焕镛用不无欣喜的语气自述："所藏标本已超6万号，固不敢与国外著名植物园具有百数十年者相为媲美，然环视国内各植物标本室，实未遑多让。"

事实上，因为陈焕镛的努力，20世纪30年代，广州已成为中国植物分类学三大研究中心之一，其他两个是北京静生生物研究所和南京中国科学社生物研究所。

或许是植物标本在陈焕镛的天平中占据分量过重，命运再次跟他开了一个玩笑，这次差点要了他的名誉和生命。

抗日战争时期，广州不时遭到日机轰炸，为了保护标本、图书、仪器等免落入敌手或毁于弹火，陈焕镛冒险抢救。1938年春天，经中山大学批准，陈焕镛捡出全部重要标本、图书等搬至香港，设办事处继续进行科研。

1941年底，香港沦陷，办事处被日军包围搜查，因为标本上皆有中大标志，面临被劫夺毁灭之厄运。

他心急如焚，经多方交涉获准将办事处公物及全部人员运回广州，将公物安置在岭南大学（其时被改名为广东大学）校园内，更名为广东植物研究所。

为保存这些科研资料，陈焕镛冒险多次奔波于广州和香港之间，方使资料完好保存。

日军投降后，令人意想不到的事情却发生了，陈焕镛抢救标本的义举反而成为"罪证"，有人言之凿凿诬告他为"文化

1958年陈焕镛（一排左三）与苏联植物研究所专家合影。黄观程供图

汉奸”，缘由便是抗战期间偷偷将文物运至敌占区香港。罪名几欲置人于死地，危难之际，出于正义感，教育界、法律界社会名流如许崇清、金曾澄、沈鹏飞、邓植仪等纷纷联名上书，并愿担保。

1945年12月31日，中大农学院院长邓植仪给中大校长王星拱的报告中如是陈述："该员忍辱负重，历尽艰危，保存该所全部文物，使我国植物学研究得以不坠，且成为我国植物研究机关唯一复兴基础，厥功甚伟，其心良苦，其志堪嘉。"最后当局被迫以"不予起诉"了结此案。

天资独具的植物学家

很多与陈焕镛有学术交往的学者都认为他辨识植物极具天

资，馆藏标本除少数寄往国外请专家鉴定外，多数都是由他亲自鉴定。可以说，除了热爱，在专业方面，陈焕镛天生适合成为植物分类学家。

1932 年，他甚至利用植物分类学知识，协助香港警方破获一宗命案，更为他严谨的治学生涯增添了传奇色彩。

当时，香港发生一宗非正常死亡事件，经法医解剖检查，发现死者胃里有树叶的残渣碎片。遍寻香港地区，都无人能够识别是哪种植物，对案件也就无从下手。

警方后来不得不求教于陈焕镛，方知是剧毒藤本植物胡蔓藤（又名大茶药）。从此，陈焕镛在省港民间也声名鹊起。

与这种传播甚广的故事相映衬的是，陈焕镛作为科学家所坚守的严谨和持重。

曾先后受业于陈氏门下的陈封怀、李康寿、黄成就等学者回忆，陈焕镛从事植物分类工作时，非经广泛深入研讨，从不轻易撰文发表；探究某新分类群之可否成立，尤为审慎。

发现“植物界熊猫”银杉的过程就是一个极其有力的例证。

银杉是裸子植物中极少数孑遗种之一，在地球的其他地区早已灭绝，只有中国的局部山地还存在这种植物，这对植物分类研究意义重大。

据介绍，在外部形态上，陈焕镛于发表文章的前两年已经鉴别其为新分类群，为探讨部分器官之解剖特征，足足花费了两年多时间，不断推敲，最后与匡可任教授合作署名发表。

胡先骕常举例，特产于中国的马尾树被外国人抢先发表令人遗憾，最先发现马尾树的学者实际上是陈焕镛。

因为这种植物在中国的邻国也有分布，陈焕镛无法肯定别人是否已经识别，后来借去印尼出席太平洋会议之便，带着标本至茂物标本馆核查时，被奥地利植物学家发觉，抢先发表为新科。这也表明陈焕镛治学的严谨态度。

已去世多年的植物学家秦仁昌曾在东南大学当助教，当时陈焕镛也在东南大学任教，两人过往甚密。在回忆文章中，秦仁昌曾写下陈焕镛严谨治学的细节，陈焕镛对植物分类学的造诣已经很深，但从不夸夸其谈，不满足于一己之得，从不轻易写论文，即使写了也不发表。秦仁昌记得，在南京期间，他对中国樟科和壳斗科植物的分类下了很大功夫，有时通宵不眠，稿子写成了再改，但四五年过去了，他还不放心付印。

从事植物研究半个多世纪中，陈焕镛发现了新分类单元逾百种，新属不少于10属，尤其以银杉和观光木属的发现最为瞩目，使国际植物学家再次对中国植物的丰富性感到惊叹。

华南国家植物园黄观程研究员多年前告诉笔者，1957年下半年，陈焕镛教授拿了一份手书的英文信，让他翻译成俄文给当时的苏联植物学会会长、《植物学杂志》主编苏卡乔夫院士，同信寄去《中国南部和西部的松科一新属——银杉属》的稿件和附图，译好信后，陈焕镛当即要求把译好的信件一句句口述给他听，并作了认真的修饰。

不久，苏卡乔夫院士亲笔回信说："银杉这一新属真是太美妙了！"破例全文刊载在1958年4月号的《植物学杂志》上。

权威植物学专家介绍，《植物学杂志》当时并不刊载纯分类描述的文章，可见苏卡乔夫院士等人对陈焕镛学识、才华和贡献的重视。

华南植物的一流人物

尤为宝贵的是，无论是身处民国的风雨飘摇，还是在新中国成立后遭受西方世界的孤立时，陈焕镛一直以卓尔不群的姿态保持着国际视野和学术水平。

哈佛大学科学史毕业生威廉·J. 哈斯在《把植物学移植到中国：陈焕镛的交叉文化经历》一文中说，20 世纪 20 年代，为了证明中国人的学术研究能力不比洋人差，胡先骕和陈焕镛合力编撰了《中国植物图谱》第一册，该书达到当时的国际先进水平。

华南国家植物园植物学家胡启明研究员介绍，1927 年，陈焕镛从东南大学到广州，筹建农林植物研究所，当时华南地区的植物研究由岭南大学一统天下。

一开始，岭大的洋教授并不把陈焕镛放在眼里，不久见陈焕镛对华南植物的研究工作飞速发展，甚至超过了他们，岭大生物系主任、《岭南科学杂志》主编威廉·荷夫曼十分恼火，提出要和陈焕镛“约法三章”：第一，交换标本；第二，划出势力范围；第三，不得在同一季节考查同一地区。

陈焕镛当即回绝。对于第一条，他说，自己并不需要岭南大学的标本；对于其他两条，更是义正词严地斥责对方是在合作的幌子下实行科研霸权和限制。

胡启明曾向笔者回忆，“陈焕镛说，他来广东就是为了研究广东的植物，要走遍所有地方，不论何时何地都尽可能多地进行必要的考查”。他的目的有两条，一是出版一本高水平的广东植物志，一是收集和栽种尽可能多的珍稀植物以保护它们不致灭绝。

“他所有的做法都是因为热爱植物学和中国的植物资源。”胡启明由衷赞叹道。

为进一步提高我国植物学水平，20 世纪 30 年代，陈焕镛创办了以孙中山先生的名字（孙逸仙）命名的英文杂志

Sunyatsenia（《中山专刊》）。刊物作者均是美国、英国、德国和国内的权威，陈焕镛亲自审阅所有文章，非常严谨。

他的研究成绩很快为国内外同行瞩目，被中外科学家誉为“华南植物的一流人物”。

1929年，他代表中国参加在雅加达举行的第四届太平洋科学会议，总代表是翁文灏，代表有竺可桢、胡先骕、陈焕镛等十余人。

次年8月，陈焕镛又率5人代表团参加在英国剑桥大学召开的第五届国际植物学大会，会上他做了《中国近十年来植物学研究之成绩》的演讲，受到与会各国代表的重视，会议主持者将中国植物研究列为此次会议的重要议题之一。

1935年，他率中国植物学代表团参加在荷兰举行的第六届国际植物学大会，任该会分类组执行委员，同年又被选为命名委员会副主席。回程经过纽约植物园、新加坡植物园、香港植物园时，代表团均受到礼遇，并收到大批珍贵图书、标本及种子、苗木等馈赠。1936年，陈焕镛被英国剑兰学会聘为名誉会长。

1951年，陈焕镛率新中国植物代表团出席在印度新德里召开的“南亚栽培植物起源”学术讨论会。

中国科学院资深院士吴征镒回忆，针对当时会议讨论的中心问题，中国代表团中并无这方面的专家，事先未做准备。但与会的其他国家学者急于摸清中国的底，并久闻陈焕镛大名，于是提出请他做即兴演讲。

“陈焕镛即席做了一次演讲，充分显示了他的雄才和博学。”吴征镒评价。陈焕镛言人所不敢言，直陈印度农业中由于宗教束缚，对热带易淋溶流尽肥力的土壤长期不施有机肥导致板结成砖红壤的弊端，他还介绍了中国传统农业施用农家肥，长期维持地力的经验。

同时参会的专家回忆，陈焕镛的讲话措辞典出古典欧洲文学，语句精练雅洁，地道的英语和精湛的农业思想使听者无不动容和惊诧，纷纷报以热烈掌声。这也大大提升了代表团的考察内容和接待规格，国际知名植物学家、印度植被研究者普里（Puri）教授专门在家中接待了中国专家。

陈焕镛受到国内外学术界的尊敬，与他在学术上的成就是分不开的。

1958年春，黄观程随陈焕镛到苏联考察和工作3个月。著名的列宁格勒（今圣彼得堡）柯马罗夫植物研究所将纪念柯马罗夫院士的陈列室作为陈焕镛的特别嘉宾办公室。

黄观程告诉笔者，陈教授在此工作了一个半月，天天为该所庞大的标本馆鉴定尚未定名的樟科、壳斗科、苦苣苔科、山茱萸科等植物标本，外国学者对他渊博的植物学知识和造诣钦佩之至。

黄观程记得，该植物所为欢迎陈焕镛还专门举行了一个学术讨论会。陈焕镛在参观莫斯科总植物园、季米列捷夫植物生理研究所、土壤所、森林所、生物定位研究站等单位时，全由著名的院士亲自陪同介绍。

在赴苏联南方考察黑海畔数个植物园时，他们在苏呼米植物园遇到了一件有趣的事：古植物学家卡拉柯夫斯基和几位植物园专家在陪同参观时问了几种引种的灌木，陈焕镛不假思索地逐一回答，甚至给他们讲解这些植物的特点和在欧洲的分布。

私下里，陈焕镛风趣地用广东话笑着对黄观程说：“他们想考我。”外国专家也低声对黄观程说：“陈教授真了不起！”

科学预见性令人惊叹

2010年1月，“《中国植物志》的编研”被授予国家自然科学奖一等奖，一套历经四代科学家、耗费半个世纪完成，拥有126卷册、5000多万字、9000多幅图的浩繁巨制，终于获得应有之荣誉。

然而，当无限荣光来临时，一些历经千辛万苦、甘于寂寞的科学家已远离尘世。担任该志第一任主编的陈焕镛就是其中的代表人物。

一同被授予这项荣誉的华南国家植物园胡启明研究员、参与《中国植物志》编研的吴德邻研究员和华南植物研究所前所长梁承邺研究员、曾在陈焕镛身边工作的黄观程研究员，在获奖当年曾接受笔者专访，他们用专业的解读勾勒出一个更加立体生动的陈焕镛。

1919年陈焕镛回国时，中国现代植物学研究可谓“一穷二白”，但他在晚年作为首任主编参与了世界最大的植物志《中国植物志》的编纂工作。

如何评价陈焕镛在学科建设中的价值？专家们认为，是陈焕镛和他同时期的佼佼者引领中国植物学走上现代之路。

梁承邺评价，陈氏的学术地位，冠以中国现代植物学主要奠基者的评价应该是恰如其分的。原因在于，在陈焕镛这批植物学家之前，中国植物学尚未进入现代范畴。80多年来，植物学的分支越来越多，但中国植物学的源头是从他们的分类研究、资源搜集开始的。

判断一门学科是否形成有几个标准，应拥有专业机构、专业队伍、专业刊物，在这些条件下能持续产生有现代意义的一批论著和讲义。回顾一下就可以发现，在陈焕镛那个时代，中国植物学已经符合这些标准。

首先看专业机构：当时中国两个最重要的研究所，是1928年创立的北京静生生物研究所和中大的农林植物研究所。其次看专业队伍：民国时期最高学术机构中央研究院自然历史资源研究所中设有植物研究所，后来该院设评议会，三四十名代表中，有两人研究植物学，可见已经奠定了学科地位，钱崇澍、胡先骕、陈焕镛等第一代植物学家的研究生也成为植物学的第二代领军人物。

陈焕镛还创办了中国第一个专业植物分类学刊物。如此学科就基本形成了，陈焕镛在其中所起的作用是非常重要的。以上是梁承邺先生的观点。

中国人关注植物已有上千年的历史，诞生过《本草纲目》这样的重要著作，陈焕镛和同辈科学家如何超越传统的研究方法？

吴德邻先生的答案是：首先，现代植物学按系统分类，古代按木本、草本等进行分类，古代的研究方法不能反映自然界的进化过程，西方的系统法则尽量反映这种进程，并且可以用化石、地质年代等证据来证明。

其次，现代植物学按照门、纲、目、科、属、种划分，有规范的国际命名法规，一种植物只有一个合法的名字。不像中国，不同地方对同一种植物可能有不同的叫法。陈焕镛主导编撰的早期著作，已经完全按照国际规范的分类法进行写作，与《本草纲目》不可同日而语，他引领中国植物研究走上一条现代之路。

陈焕镛的研究为今天的广东学术界留下什么遗产？

在吴德邻看来，作为中国植物分类学祖师爷级别的人物，陈焕镛不但为广东，也为中国做了大量奠基性的工作，现在的研究都是在他的基础上深耕。他有四大贡献显示出惊人的创新思想和超前意识，现在看来依然如此。

第一大贡献是，建立了中国最早的自然保护区鼎湖山自然保护区。他出席第一届全国人民代表大会期间，就和秉志等6位科学家联合提出“在全国各省（区）划定天然森林禁伐区，保存自然植被以供科学研究的提案”，后获得通过。

在此背景下，他继续提出在肇庆鼎湖山建立自然保护区的设想，最后在国营鼎湖山林场划出17000亩建成自然保护区，区内保存有典型的南亚热带常绿阔叶林和当地野生植物2400余种，有北回归线沙漠带上的“绿色明珠”之称。

而早在1930年，陈焕镛就提出保护资源的策略，提出要有公共供热、供水系统，提出要保护森林资源，减少浪费，要注意副产品的开发，科学监管，实行可持续发展，限制工厂的烟尘。这些观点现在已经是共识，但还没能完全实现陈焕镛当年提出的设想。退耕还林同样是90年前陈焕镛提出的理念，可见其科学的预见性多么惊人。

第二大贡献是设立华南最大的植物标本馆。标本是研究植物分类的基础。在其不遗余力数度组队采集后，至1938年标本已达15万号，其中包括同英、美等60多个国家交换的珍贵标本以及浸液标本。

吴征镒院士认为，1954年华南植物研究所的分类学基础在当时已属全国首位，这在很大程度上是陈焕镛院士在标本馆建设等方面所做的开创性贡献的结果。如今，华南国家植物园的标本馆馆藏已达百万号，为我国三大植物标本馆（北京、昆明、广州）之一。

胡启明接受专访时告诉笔者，陈焕镛创建华南植物研究所时，中国还没有自己的植物学，文献、名词多是照搬日本的，教学用的标本要从日本进口。如果没有华南的陈焕镛和北京的胡先骕等老一辈科学家奠定了标本、图书、文献基础，并大力培养人才，《中国植物志》是不可能在当时完成的，更不可能获得国家自然科学一等奖。

华南国家植物园的标本采用严格的科学管理，每号标本有3套卡片，标本若被发表的文章引证，即用特定标签贴在标本上；标本封套内还附上原始记载、重要专著等文献资料，不但使定名更准确，也为研究提供了便利。

高标准的管理为后来采用计算机管理标本打下了基础。几十年来，英、美、德、日等国专家参观后无不为其管理之完善和前瞻思维感叹。

在吴德邻看来，陈焕镛学术的第三大宝贵遗产是华南国家植物园，这是中国最大的南亚热带植物园。早在20世纪30年代，陈焕镛教授任中山大学农林植物研究所所长期间，就注意采集苗木、种子，开辟苗圃，设立植物园做研究之用，这在当时是非常难能可贵的。

1956年，陈焕镛亲自规划建设占地4500亩的华南植物园，现在每年有100多万人次徜徉其中。

陈焕镛的第四大贡献是创立了华南最有价值的专业图书馆。文献和标本是植物分类研究的依据，二者缺一不可。早在建所伊始他就设立了图书馆。

据1937年统计，馆藏中、西文图书已达4000余部，中、西文定期杂志达50种以上。许多珍贵的西方植物学文献均有收藏，如分别于1737年和1753年出版的林奈《植物属志》（*Genera Plantarum*）和《植物种志》（*Species Plantarum*），以及欧美植物分类学的重要期刊和中国古农书、方志、本草等重要文献。这些植物分类学的经典著作对于后人进行植物学研究、编写植物志，提供了极大的方便。

一个陈焕镛已经令人惊奇，更为人惊叹的是，与陈焕镛差不多同一个时期，中国涌现出一大批著名的植物学家，如钱崇澍、胡先骕、汤佩松、吴印禅、吴征镒、蔡希陶等。在这个相对冷清的专业里，大师、英才为何成批涌现？

吴德邻先生认为，早期研究中国近代植物分类学的都是外国人。据不完全统计，自17世纪末至20世纪40年代，先后有16个国家约200人来中国调查植物资源，在200多年中，采了近100万号标本、上千种植物苗木和种子，记载新发现、新记录植物上万种，新属158个。

这些人中，大家熟悉的有英国人汉斯和汉姆斯莱，美国人迈耶，法国人戴维和德洛维，俄国人马克西莫维奇，奥地利人马齐蒂，日本人早田文藏和山本由松。值得一提的是，很多植物学家都很熟悉中国的园林花卉和经济植物，他们到中国采集、研究植物的背后都隐藏着战略或经济利益。

当时欧洲流行一个说法，“没有中国的花卉，不成为庭院”。植物学，并不如普通公众所认为的是个冷门，在国外植物学一直是热门。西方国家进入一个新的地区，首先要弄清楚的就是资源，包括矿产、文化、动植物等，最早到中国的一批传教士、海关官员等，都为中国的植物资源惊叹，他们一批批远道而来，又一批批将植物资源运走。

西方的每一个公园、植物园里，都有中国的花木，杜鹃、菊花、茶花等被大量引种。其中，猕猴桃就是从中国引种出去的，改良为商品已有几十年，而我们将其进行商品化开发的时间只占国外的一个零头。

吴德邻感慨，陈焕镛这代留洋学人回国时，中国的植物资源已经被国外采集了200年，能不痛心、不感到迫在眉睫吗？

陈焕镛在进入哈佛大学学习时，就已立下了保护、开发祖国植物资源，改变我国植物学研究落后面貌的志愿。

近代以来，一些国家的探险家、传教士和植物学家大量搜集我国珍贵植物出口，使我国植物资源不断外流。世界许多著名的植物园都栽培着中国的珍稀植物，中国植物的模式标本大多被保存在外国的标本馆内，而国内却缺乏完备的植物园和标本馆，以致我国学者研究本国植物分类学不得不远涉重洋到外国去寻找资料、参阅标本。

这些现实使陈焕镛深感痛心。

教学未废一日，育才毫无保留

陈焕镛作为老师，一生科研、教学，未曾一日废离，很多学生在回忆文章中都讲到，他培养人才毫无保留。这一点尤为其师友、门人所敬重和感念。

胡启明回忆，陈封怀、蒋英等第二代植物学家，都是在陈焕镛的教导下成长起来的。他曾听导师陈封怀先生讲过，他们师生时常打成一片，一有空陈老就会找他谈话，并经常请客。陈封怀先生自己也成为植物学专家，他对导师始终非常尊敬。

在金陵大学、东南大学（招生办）任教时，陈焕镛以自编的 *Chinese Economic Tree* 作辅导教材，这是英文版本的，在广西大学任教时，又自编《广西植物分科检索表》作为材料。遇到外语根基不好的学生，他都由基础教起，因人施教。

吴德邻在 1955 年刚认识陈焕镛时还是小字辈，从南京大学毕业后分配到陈焕镛任所长的华南植物研究所，此时陈焕镛已是学术大家，但一有机会总不忘提携后学。

1962 年吴德邻在编写《海南植物志》姜科的时候，在研究所标本馆发现了2张从来没有见过的标本，1张采自广东信宜，1张采自海南保亭。后经过仔细研究后，确定它们为中国的新分布科兰花蕉科，并且是两个新种，分别是兰花蕉和海南兰花蕉，其中兰花蕉后来被定为国家三级保护濒危物种。

当他向陈焕镛汇报这一发现并把标本拿给他看时，陈焕镛说北京植物研究所的汪发缵教授正好在，最好拿给他看看，后确认吴德邻的鉴定无误。

“我很兴奋，准备立即发表。陈老却不以为然：‘兰花蕉科全世界只有1属数种，你既然已确定广东标本为新种，说明你对全世界的种类已有所了解，不如写一篇专著性论文，顺便讨论一下科的位置。’”尽管已时隔数十年，吴德邻对当时的对话记忆犹新。

吴德邻担心没有外国标本，陈老说，没有标本可以想办法。于是，他当即写信给当时在印尼的华侨孙洪范先生，请他代为采集该科的标本。后来孙洪范果然寄来了兰花蕉属的外国标本，这为吴德邻撰写论文提供了很大的帮助。

1963年，中国植物学会30周年大会在京召开，经陈焕镛举荐，吴德邻在会上做了题为《兰花蕉科植物之研究》的报告。这一发现对研究中国植物区系的热带亲缘有重要意义，受到了同行的关注，这对当时身处逆境的吴德邻无疑是一种极大鼓舞。

陈焕镛作为老师，还亲自帮吴德邻修改英文摘要并安排他的文章在1964年的《植物分类学报》上发表。

黄观程也有类似经历。

1955年夏，他在北京毕业后被分配到中国科学院，院部通知立即到华南植物研究所报到，所长陈焕镛不久就找他到家里谈话。因为黄观程是俄文专业毕业，陈焕镛专门叮嘱他要好好学植物学、学英文、学拉丁文，并让他教其他科研人员俄文。

拉丁文是研究植物分类学的必修语言，陈焕镛因为是在美国受的系统教育，英文、拉丁文造诣很高，相反，国内的学生大多欠缺这方面的训练，他就自己制作了卡片，一个字一个卡，法国、瑞典、英国等国的用法都抄下来，做了一抽屉。很多专家都是用他编的教材来接受拉丁文启蒙教育的。

陈焕镛学术生涯以严苛著称，学生和同行却称赞他为“讲道理的性情中人”。

这一点，吴德邻的回忆中有很多令人捧腹的故事，他评价陈焕镛在夜以继日的工作中也有幽默轻松的一面，有时会喝杯小酒，讲讲笑话。

他讲过的一个笑话给吴德邻留下了极深的印象，“有一次，陈焕镛说他在林中解手，把帽子挂在一根竹笋上，解完手怎么也找不到帽子了，最后发现原来竹笋长成竹子，帽子被顶上天了”。

黄观程和陈焕镛在一起工作的日子并不多，但到苏联考察的3个月天天待在一起，所以留下不少有趣记忆。

其间，陈焕镛叫黄观程去找一本植物学文献，他找了很久，等找到时，陈焕镛有些生气，批评他浪费了半个小时。“原来是他写给我查阅的字条有个错别字，如果是标本也许还可找到，但图书就难找了，因为书名错了就可能出现在很远的书架上，所以耽搁了不少时间，他知道情况后马上就向我道歉。”

在苏联考察时，有天他们一起等车，陈焕镛手上拿着英俄对照的小册子，一边看一边跟旁边的人聊了起来。当时是5月，天有点凉，黄观程看他手上空空，就跑回去把他的大衣拿回来。

一见面，陈焕镛就批评："有没搞错，是我等你还是你等我？"等黄观程把大衣给他，他又道歉了："对不起，有时候是应该我来等你。"批评归批评，道歉归道歉，他的确是个性格鲜明、很讲理的人。

在这3个月中，陈焕镛与黄观程什么都聊，高兴时还一起喝点酒。有一次，陈焕镛请黄观程去买火腿等食品，当天他似乎心情不大如意，提到华南植物研究所虽大，但尚不如北京，希望同仁立志做得更好。等黄观程买东西回来，他已经喝醉了。

陈焕镛还跟他表达了对俄罗斯文学的极大兴趣，但陈焕镛看的其实是英文版。

"还有件有趣的事，出国时我没有经验，只带了一条领带，他却带了好几条，看我来来去去都是同一条红色领带，就找出一条有植物图案的送给我。"黄观程回忆陈焕镛当时的关心，"你不能每天都戴一条领带，我送你一条。"

那条领带很有朝气，后来黄观程一直珍藏着。

1946年，陈焕镛发现一种很特殊的豆科植物，创立了任公豆属，以纪念著名学者任鸿隽。植物学家胡先骕特意写诗赞颂此事。

这首诗，何尝不是植物学家学术人生浪漫和诗意的注脚呢？

任公豆歌

胡先骕

粤中名山多奇峰，烟峦幻出千芙蓉。
韶雄远与庾关通，鸟道悬绝稀人踪。
千年古木如虬龙，时生佳卉罗珍丛。
风柯纷披叶葱茏，花翔如蝶酡颜红。

枝头来三白头翁，宛如幺凤栖刺桐。
是乃葛仙鲍姑所未见，名山久閟今初逢。
移根瑶圃光熊熊，一洗万国凡卉空。
自来珍物不世出，宜著篇什歌丰功。
任公德业人所崇，以名奇葩传无穷。
彩绘者谁澄如冯，赐名者谁陈韶钟。[1]

[1] 本文部分表述参考吴征镒《怀念陈焕镛先生》，吴德邻《纪念陈焕镛院士》和陈德昭、黄成就的《陈焕镛传记》，并得到了中国科学院华南植物园的大力协助，特此致谢。

郑锦

上篇

郑锦

央美首任校长的归隐

他是最早留学日本学习美术的中国人，取得当时留洋艺术家中美术专科的最高学历，是中国美术高等教育制度的奠基人和设计者，是从日本引进整套美术教育制度的第一人，创立了中央美术学院前身国立北京美术专门学校，并担任校长长达7年，是该校1950年改名中央美术学院之前，历任校长中任期最长的一位。

人物名片

郑锦（1883—1959），号褧裳。生于中山县，1888年在乡塾攻读，1897年东渡扶桑，先就读于横滨大同中学，后入东京习西洋画。经五年勤学，1901年学完西洋画，次年即入东京美术学校专习中国画技法，1906年毕业，继而升入日本美术最高学府绘画专门学院，其间所绘仕女画《娉婷》入选日本文部省美术展览会，并获得日本大正天皇赞赏，被其他华侨誉为争光先河。1912年以优异成绩毕业，1914年归国，1918年创立国立北京美术学校（现中央美术学院前身），任校长7年。

中国近现代美术教育史，在某种程度上可以说是留洋美术生的创业史。而近现代以来的国画史，无疑是画家在急剧变化的时代舞台上，在传统与现代、东方与西方美学思想的碰撞下艰难求索的历史。

中山人郑锦正是这段历史中一位绕不过的美术教育家和国画家，其成就与失落都与时代有莫大的关系。

作为最早留学日本学习美术的中国人，郑锦在 1915 年回国前已取得一定的国际声誉，作品多次入选高规格展览并广受好评，日本学者认为郑锦重现了唐宋技法，替东方艺道增彩；受聘归国之日，梁启超曾评价其技法“竺于旧则，得所折衷，劘于新则，资以濡染”；在郑锦之后赴日的高剑父誉郑氏之画为“真美合一”，期许其“能开国画之前途”……

这位国画大家，更是中国美术高等教育制度的奠基人和设计者，他是从日本引进整套美术教育制度的第一人，并在中国大地上以创校校长的身份，践行这些制度和理念长达 7 年。

然而，1924 年卸任国立北京美术专门学校（1923 年由“国立北京美术学校”更名为“国立北京美术专门学校”）校长后，郑锦逐渐远离中国现代美术话题中心，淡出公众视野，至今知者寥寥，美术史对其贡献也语焉不详。其艺术成就该如何定位？其美术人生为何会隐而不彰？或许，郑锦的故事不应该因时代的变迁和时间的流逝而被遗忘。

东渡扶桑游学　早年海外成名

1883 年，广东中山三乡雍陌村一个侨商家庭里诞生了一名男婴。父亲郑玉池曾游走于北京、日本等地经商，颇具文化学养，擅长山水画。幼年聪颖的孩子在为父亲伺候笔墨的过程中，开始接受艺术的熏陶。

得风气之先的侨商家庭为他选择了一条崭新的人生道路：东渡日本。由此，拉开了中国首所官方美术院校的创始人——郑锦步入艺坛的序幕[1]。

刚满13岁，郑锦乘船离开家乡，其随即展开的18年留学生涯，后来在多名亲朋的记述中十分清晰[2]。

在日本横滨，郑锦就读于大同中学，在那里认识了他人生中的第一位重要导师、这所中学的创办者之一梁启超。随后，他开始学习油画，1902年考入著名的东京美术学校，成为中国人近代在日本正规美术学校学习绘画的第一人，这一年郑锦刚满18岁。

5年后，郑锦进入日本美术最高学府京都市立美术工艺学校（西京艺术大学）继续深造，专研唐、宋、元、明、清各派技艺。

1911年，辛亥革命爆发，3位后来写入中国美术史的年轻人相聚在京都市立美术工艺学校。“鲍少游就读一年级，陈树人就读三年级，我父亲郑锦已经快要毕业。”郑锦的女儿郑美成在93岁时曾如此追述。

“两高一陈”（陈树人、高剑父、高奇峰）和鲍少游都是在郑锦之后赴日留学的学生。

郑美成回忆，他们终日游览山水名胜，

[1] 王工，赵昔，赵友慈．中央美术学院简史 [J]. 美术研究，1988(4)：93.

[2] 谭雪生．中国近代第一间公立美术学校创立者：郑锦 [J]. 美术学报，2008(2)：28.

写生作画，在月色下交流创作心得，参观日本的各大艺术展览，一路欣赏，一路揣摩，相互砥砺，最终创立了中国画坛名重一时、历久犹新的岭南画派[1]。

郑锦也被一些专家认为是岭南画派的一代宗师。

鲍少游后来有诗记录这一情景："弱冠春游东海东，客途邂逅乐融融。精研笔砚千秋业，点染丹青百代功。花近小楼欣鸟语，月迷古寺讶狐丛。卧看丘壑三冬雪，一枕梳钟旅梦同。"[2]

正是这一时期，郑锦爆发出一个艺术家的创造力和影响力，作品接二连三参加日本画坛展览，知名度节节攀升。1907 年，其绢本画仕女图《娉婷》入选日本最高级别美术展览，因此轰动了日本侨界[3]。如今这件作品珍藏于台北故宫博物院。1912 年 3 月，郑锦描绘文天祥的作品《待旦》入选"大正美术展览会"，在东京大正博物馆展出，广受日本文化界肯定。考古学家黑川真濑评价："唐代金碧辉映之技法湮没已久，今于郑君斯见之，东方画之异彩也，吾叹之技伟矣！"[4]此时，29 岁的郑锦可谓风华正茂。

郑锦的多年老友鲍少游也有极多关于他的回忆。

他印象最为深刻的是，郑氏作品被误

[1] 于中龙.《旅葡华人郑美成老人回忆辛亥革命时期的父亲郑锦》，2011 年 3 月 15 日采访实录。

[2] 鲍少游.画意诗情忆故人：写于郑褧裳先生遗作画展前 [N].华侨日报，1959-06-05.

[3] 谭雪生.中国近代第一间公立美术学校创立者：郑锦 [J].美术学报，2008(2)：29.

[4] 谭雪生.中国近代第一间公立美术学校创立者：郑锦 [J].美术学报，2008(2)：29.

为宋元人佳作的经历。郑锦居住在北京这段时期，因兼任古物陈列所主任，得以有机会精心揣摩故宫所藏的历代名家手迹，后又在河北从事平民教育达 12 年，郑锦留日时的学弟兼好友鲍少游认为这段“汗漫幽燕”的经历，令他探塞上之奇，复得古人之秘，由是而画艺益进。

一天，鲍少游在香港听说有人捐赠了一幅宋画人物巨帧，行家们争相转告，传诵该作品是宋元名家佳作。他连忙赶往现场观看，见之惊喜，因为眼前的人物画竟然是他几十年老友的大作《谁家玉笛暗飞声》。由此可见，郑锦宋元院体风格的绘画技巧已达到相当的高度。

创办美专重美育　故宫私藏公于众

“郑生褧裳，负笈扶桑，秉色腾贵……生冥心妙造，历逾岁纪，沿流析源，众长奄备，莫不细入毫发，而意惬飞动，务极规矩，归于自然，宋元众法，往往而合，其独秀当时者欤！东京市新古博览会、大正博览会、美国巴拿马博览会，竟至褒题，翕然精诣，东方学者，未能或之先也……”[1] 这是梁启超为引介学成归来的郑锦所写的文章，文辞间洋溢着他对这位后辈的赏识。

1915 年，称得上衣锦还乡的郑锦，途

[1] 梁启超．饮冰室合集：第 12 册[M]. 上海：中华书局，1936：33.

经天津时专门拜见了老师梁启超，梁以"生"相称，为其画集写下上文这篇1000余字的《郑褧裳画引》，这也是梁氏生平少有的几篇美术评论之一。文中，他称赞郑锦的绘画境界高妙，合乎宋元家法，希望他到京之后能够得到高层和文化界的认可。梁启超还曾为郑锦书写对联"荷扇长凉绿衣持节，杏烘春昼红粉斗妆"[1]。

由于在日本留学18年的成绩和影响力，民国政府教育部聘请郑锦回国。此前一年，他已取得当时留洋艺术家中美术专科的最高学历。

民国初年，中国的政治、经济、文化教育都面临革旧布新。文化教育界，尤其是时任北大校长的蔡元培，十分重视借鉴外国教育和美育的经验。青年出洋留学后学成报国，渐成时代风潮。

20世纪前期，在外国研习美术的中国学生约有300多人，其中负笈日本与欧美留学的美术生人数相当，与此相应，中国美术界亦出现史无前例的新状况，西方美术大规模地引进中国，中国传统艺术则遭受质疑和批判，关于传统与西方的争论成为20世纪初期有目共睹的美术现象[2]。而当时中国对美术师资的需求剧增，是众多留学生赴日本学美术的原因之一，中国新兴美术师范教育中师资大多有留学日

[1] 梁启超这件对联书法作品由郑美成于1997年4月自葡萄牙捐赠给台北故宫博物院。

[2] 傅慧敏.20世纪初期美术留学生与中国现代美术思潮[J].中国美术馆，2009(3)：81.

本等国外教育背景。

因此也就不难理解，为什么1914年北京高等师范学校新设立国画科便立即聘郑锦为教师，1917年北大成立“画法研究会”后，也聘请郑锦为导师，其余还有陈师曾、汤涤、金城、徐悲鸿等人。

1917年，民国教育部决定筹办中国第一间国立美术学校，将郑锦视为最佳校长人选。

中国虽有悠久的绘画历史，然而却从未有过正规、系统的美术教育。受命办学的郑锦深感责任重大，全力以赴。

由于国内没有先例，郑锦遂再次东渡日本“取经”，在昔日求学之地东奔西走，访问各家艺术院校，考察办学规模、方针和设备等情况，搜集资料，设计课程，订立招生制度[1]。

“父亲在美术学校筹建之前，往返日本，与鲍少游等共同尽心尽力策划美术学校，按照日本美术学校的形制，制定出分省选考、分科教授制度，编订课程、招生程序，连学生的课室、桌椅款式都尽心研究。”[2]郑美成生前回忆道。这在很多文献中也能找到依据[3]。

经过一年的努力，中国第一所正式立案的国立美术专门学校，于1918年4月15日正式成立，郑锦被任命为第一任校长，

[1] 张长征.风起青萍：历史共振中的郑锦和北京美术学校初期图案教学研究[D].北京：中央美术学院，2014.

[2] 于中龙.旅葡华人郑美成老人回忆辛亥革命时期的父亲郑锦，2011年3月15日采访实录。

[3] 陈继春，袁宝林.校史钩沉：郑锦与中国第一所国立美术院校的创立[J].美术研究，2013：78-81.

并在正式任上长达 7 年，是该校 1950 年改名中央美术学院之前，历任校长中任期最长的一位。郑美成出生于学校成立这一年，郑锦为她取的名字，蕴含着“北京美术学校成功”的愿景，从中也可以看出郑锦对这所学校期望之高。

2014 年，时任中央美术学院美术馆馆长、博士生导师的王璜生教授接受笔者采访时评价，郑锦是中国现代美术教育前期厥功至伟的教育家。他评价，国立北京美专作为中国官方美术高等教育的起点，对教育制度的贡献影响深远，并成为中国美术家的摇篮，百年来人才辈出。

王璜生说，作为第一所公立美术院校的筹备者及首任校长，郑锦功不可没，在他任校长期间，学校培养了刘开渠、李苦禅、李剑晨、常书鸿、王曼硕、雷圭元、王雪涛、邵宇等一大批人才，他们日后都成了中国现代美术史上卓有成就的美术家或美术教育家。

当时民国教育部对郑锦的器重，还表现在他同时受命任故宫博物院副院长及文华殿古物陈列所主任。

郑锦把皇宫内的私家收藏公之于众，把文物开放给社会民众。

为了吸引观众，文华殿陈列物品每周更换，稀世珍品更随时更易。此外，还在东华门、西华门外置一大公告木牌，书写陈列物品门类，以期观众知晓。

而对于郑锦个人来说，得以接触故宫珍藏，眼界大开，同时也重新反省和审视自己的绘画取向。

他有机会观摩熊希龄、罗瘿公等人所收藏的顾恺之、吴道子、唐寅、仇英等真迹百多帧，以为参考学习。在这段日子里，郑锦的画风开始追摹宋元风格，这也影响了他日后的画风。

1999 年 10 月的《澳门杂志》第 12 期刊出中央美术学院博士、艺术史学者陈继春的文章，其中讲述了郑锦任故宫博物院副院长及文华殿古物陈列所主任时的一桩往事。1924 年，张作霖入主北京，后来在与晋军交战时败北，撤回关外之前，张作霖命令文华殿古物陈列所将其珍藏一并交出，由部队带往东北。

为了保障文物免受兵祸，忠于职守的郑锦四处奔走疏通关系，最后自己冒险去见张作霖。

他对张氏说："所内各物皆无价宝，仓促装运万一有损，殊属可惜，今想大帅不久回京，宝物终究仍归尊有……"张大帅听后竟从其言，使文物免遭散落他方。

作品不投时好　甘愿急流勇退

20 世纪 20 年代的中国，风云激荡，各种新思潮交汇碰撞，传统堡垒人物也纷纷迎战。个体的价值与命运，犹如沧海一粟，多数时候只能随着时代的巨浪起起伏伏。

如今，距离郑锦辞去校长一职已 100 年，距郑锦逝世也已 64 年，当重新审视这段历史，大多数美术史研究者认为，多种复杂原因使得郑锦去世后声名寂落。但可以肯定的一点是，离开一手创立的国立北京美术专门学校，是郑锦后来逐渐淡出美术界的一大转折点。

从现存档案和当时的媒体报道中，可以"破解"郑锦离开学校的原因。当时学校面临的经济危机是一个重要引信：北平八所高等院校教育经费已经拖欠达半年之久，许多教授学者竟饥肠辘辘地为学生上课。而更为直接的原因恐怕是，在各种政治力量的角逐下，郑锦被人攻击为"日本文化侵略"

的代表[1]。

众所周知，20 世纪中国画坛乃至整个中国社会，都弥漫着崇尚西方的思潮。

版画家、美术教育家杨先让一语中的地分析说："平心而论，郑锦对东西方绘画的理解、掌握不可能不深，观念上也未必保守，作为校长，他有强烈的革故鼎新意愿。不幸的是，他位处北京这座五四运动的中心城市，却以接近宋画的精雕细琢和日本风的珍禽异卉、古典仕女名世，不合时宜或许才是被贬抑的根源。"[2]

与此同时，学校内部的各种矛盾正愈演愈烈，既有校务方面的，也有"留欧"与"留日"两派教员较劲的情况，甚至在国画教育内部还分成"国粹派"与"调和派"，这些问题，最终促使斯文、耿直的郑锦以辞职告终[3]。"北京美专从 1923 年闹学潮反对当时的校长郑锦。他是广东人，现在想起来，这位老先生的画还是很不错的。"著名雕塑家刘开渠作为当时的亲历者，后来在一次学术研讨会上发言说，"他画的是大幅仕女图，由于我们当时认识水平有限，认为他画的是日本画，现在查查 20 世纪 20 年代日本一些大展览，就有很多郑氏的画，他在艺术上是有成就的。"

除了时代原因，也有研究者提出，郑锦的个性也是其中一个原因。

[1] 傅怡静．郑锦与国立北京美术学校：兼论郑锦对国立北京美术学校学科及课程建设的贡献 [J]. 美术研究，2012(1).

[2] 杨先让．难忘一九一八（下）：纪念北京国立美专创始人郑锦 120 周年诞辰 [M]// 杨先让．海外漫纪．北京：新星出版社，2005.

[3] 李中华．民国第一所国立美术院校首任校长离职因果钩沉 [J]. 中国美术馆，2011(8)：78.

郑锦从不哗众取宠，所谓不喧不争。在大多数旧相识的纪念文章中，他总是一副温柔敦厚的形象。1941年，他在澳门举办两次个展，当时报界惊呼曰：“郑氏的艺术虽极深遂，惟素不轻易示人，故不易多睹。”

其夫人在其去世后，为他整理艺术履历，称其于1938年中山沦陷后隐居于濠江（即澳门），“仍致力于艺道，以丹青自娱，忽忽卅余载，坚苦自持，终日制作，未曾稍懈”。

在这一时期，郑锦仍然佳作不断。1943年冬天，郑锦开始创作《春回大地》长卷。这幅精品远景是高山长河，由北至南，迂回入海，散置树木和奇花异卉数百种，参差错落，点缀其间；122匹骏马，或坐或卧，或静止或奔腾，各异其趣，明显来自他长时间对马写生的素材积累；画作色调堂皇富丽且生意盎然，以宋院笔法出之。

广州艺术博物院藏郑锦《涤梳图》。图片由该院提供

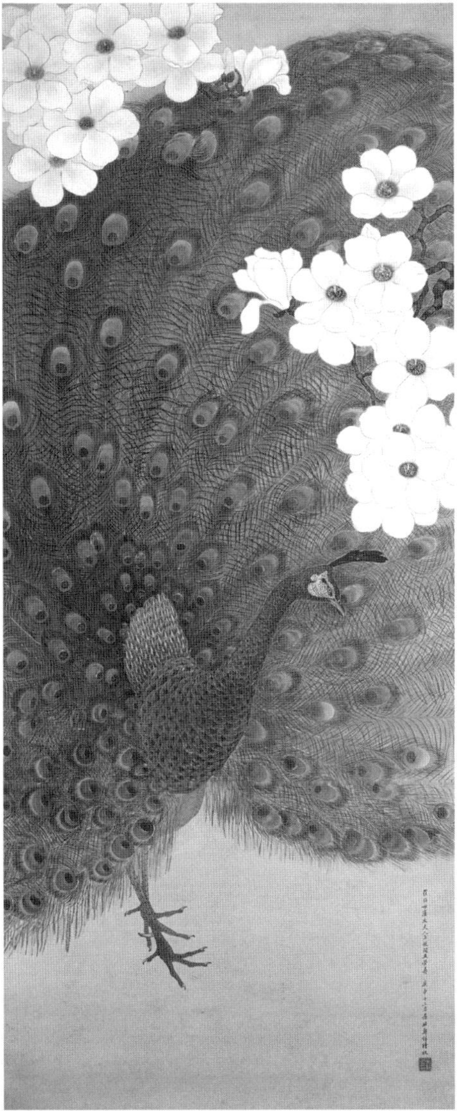

中央美术学院美术馆藏郑锦《玉兰孔雀》。
图片由该馆提供

两年后，这幅高 4 尺、长 33 尺的力作甫一完成，港澳的文化人一致认为是郑氏平生的代表作，一致给予赞赏。

综观郑锦的绘画作品，极其写实，对于物象的形体细节无不刻画入微，而又色彩浓重、鲜艳夺目。依他的手稿《春回大地制作日志》所记，光是为了该图中的马，他便花费了约 3 个月的时间，画了 160 多幅马的各种姿态、动作的草图。该作品由郑锦后人保存。

2002 年，美国加州南海艺术中心郑锦艺术研讨会暨遗作展开幕式上，他的外孙汪伦涕泪横流。

“那时的我鲁莽无知，想起外祖父年轻时留学日本，终生以教画、画画为业，但我自己并不习画，不知道外祖父造诣如何。”后来汪伦痛心疾首回忆说，“想到家里有外祖父一些遗作，突然有个念头，不妨问问他的学生是否值钱。”他刚一开口赵少昂就正色道：“你外公的画岂可以钱论价！你要是缺钱花，尽管跟我说。”这一幕令他此后一直无地自容。

其实，汪伦虽然幼年时曾经和郑锦生活过一段时间，但他并不清楚自己外祖父在中国近现代美术史上的位置。很多年来，不但普通读者对郑锦知者寥寥，很多专家也不了解。1952 年毕业于中央美术学院、曾任该校民间美术系主任的杨先让，直到退休后定居美国认识汪伦才了解郑锦；《美术辞典》将郑锦的逝世之地澳门谬记为香港；2008 年出版的《北京美术史》对他语焉不详……10 多年前，笔者采访众多专家，请他们点评郑锦的作品和艺术风格，在无数细节的建构和众人的合力下，一个更加生动的郑锦跃然而出。

汪伦尽管对郑锦的艺术不甚了解，但在 20 世纪 50 年代初，他和外公外婆一起生活了一段时间，经常看外公作画。“每当夕阳西下，外公便带着我，在青洲（澳门）海边一同散步。”

汪伦在回忆文章中写道。

“那时我只有五六岁，见他作画时，大都站立在画架前一丝不苟，聚精会神地画，我也在一旁做他布置的作业。画完成后签名盖章时，他才把画作平放在桌子上。”汪伦说，郑锦每次作画都用自己的左手无名指，在一个小研钵上调校颜色，与现在的画家使用现成的化学颜料不一样。这就是他的作品无论几十年上百年，颜色都一样鲜艳夺目的原因。

汪伦认为，一些画家用粉、胶水调色，调得不好，就好像倒模一样，裱画时会渗在裱画台上，减弱其艺术效果。当时澳门所有裱画师都说，只有裱郑锦的画时一尘不染，也就是一点儿颜色、白粉也不残留在裱画桌上。

跨过泥巴墙　投身平民教育十二载

“褧裳兄，你的画画得真好，可惜欣赏的人太少了，不如到定县去把艺术平民化？我们在定县办平民教育，单是文字还不够力量，希望你能到定县去为他们作画！”在《平民教育运动的回顾与前瞻》（1946 年）一文中，晏阳初如此描述他最初劝说郑锦加入平民教育的经历。

出生于 1890 年的晏阳初毕业于耶鲁大学，是中国著名的平民教育家和乡村建设家，主张通过办平民学校培养“新民”。

“因为久慕其名，我特别去拜访他。见到他家里的画很多，墙壁上、架子上摆得琳琅满目，但所画的皆是些《富贵图》《美人图》一类专供王公大人们欣赏的画。”晏阳初的回忆里保留着两人的颇多交往细节。此时，郑锦正处于学潮的困窘中。

郑锦一生，其画不投时好，其人每日埋头创作，而这显然与当时的时代“脾性”相距甚远。

作为校长的郑锦，不可避免地迎来了时代浪潮的冲刷；作为画家的郑锦，因艺术风格“不合时宜”，只好直面时代的交锋。面对事业的挫折，郑锦急流勇退，选择积极回应晏阳初，投身到平民教育之中，而这也成为其人生重要的“转折点”。

在此之前，郑锦已经体会到中国底层民众美育的重要性，有了晏阳初的邀请，他随即辞去校长一职，带着出身富商之家的夫人和子女前往河北定县。

自此，郑锦一脚跨过泥巴墙，在晏阳初、朱其慧等人创办的中华平民教育促进委员会里主持直观视听教育部，致力于乡村建设实验与启发民智的工作。

“到定县后，他住在两间破房子里，可是布置得真艺术，用洋油木箱子来做家具，上面铺着定县织的土布，素雅美观。”晏阳初在文章中记述道，“从此，郑锦不再画杨贵妃一类的《美人图》了，而是画了大量反映社会现实的题材，如老农、老圃等。”[1] 中国第一本专为农民而编写的识字课本《千字文》，就诞生于这个时期，课本中4000多张插图，均出自郑锦之手。远离了阳春白雪的象牙塔，郑锦每日游走乡间观察老百姓的生活，每见精彩的农家门神、灶神，便流连忘返，又钻到定县建于北宋的开元

[1] 晏阳初．平民教育运动的回顾与前瞻[M]// 晏阳初．平民教育概论．北京：高等教育出版社，2011.

台北故宫博物院藏郑锦作品《日暮途远》。受访者提供

寺塔，观摩塔中壁画，对民间艺术深入研究。投身这股有史以来规模最大的平民教育潮流，郑锦与晏阳初、梁漱溟、孙伏园、汪德亮等人成为代表人物。

1937 年，吴铁城、杨子毅主理中山县政，希望把中山建设成全国的“模范县”。两人知道郑锦在中华平民教育促进委员会工作了 12 年，累积了丰富的农村建设经验，特邀郑锦回归故里，完成中山建设模范县的宏图大计。正当郑锦准备大展拳脚时，中山沦陷，他的艺术梦再次被击碎，他决定携眷迁居澳门。

全面抗战期间，因为精通日语、熟悉日本文化，日本人及一些在日亲属，力邀郑锦“出山”任职，他均予以拒绝。他的下半生一直保持书生意气，洁身自好，远离政治。他以画笔作“武器”，创作了《民族意识》《抵抗》《故乡》《群鹰奋战》《日暮途远》等大批抗战题材作品。

《日暮途远》体现了他所掌握的娴熟写实技巧和对民间生

活深入细致的观察，是他所在的时代一件不可忽视的写实主义佳作。

画中四野苍茫，红日将尽，风沙沉积，蓄势即将刮起，灰寒的色调加深了历尽沧桑之感。郑氏除十分注意其结构与透视外，更于驴子身上描上将脱未脱的毛发，期望表现出人驴俱苦的感受。戴着黑帽子、身系白毛巾的老农，无力感与蹒跚感跃然纸上。

郑锦曾向画展观众解释其令人惊讶的技法：“（画毛巾）先全部涂成黄色，在上面加上‘介字’的点就可以了，要注重的只是毛巾的红线，如果高低曲折不分，便有木头毛巾之弊了。”此外，他还指出画驴时不要以为驴、马的分别仅在耳朵长短，其实，驴与马在鼻子和脸庞上仍存在极大的差异。该画后由郑美成捐赠给台北故宫博物院。

澳门的安宁给了郑锦一张平静的书桌，在他76年的一生中，他始终画笔不辍，直至生命最后一刻。

而偏居一隅，又使这位曾经的教育大家和国画大师身后更加冷清。1959年，郑锦因哮喘病在澳门镜湖医院悄然逝世。当时，港澳文艺界人士专门在香港设坛追悼。之后的半个多世纪，他逐渐被人们淡忘。

当今学界对郑锦的研究还远远不足，所幸对他的关注正在慢慢增多。一代美术教育先行者不平凡的求索之路，正重新展开于我们的眼前。

对于郑锦，美术学者、广州美术学院艺术与人文学院副教授蔡涛认为应该从美术史或美术教育史的角度给予客观评价。

“100年前，三位广东籍校长对于‘绘画科’的创设，多少反映了一种与世界先进潮流同步的理想情态。”蔡涛说。

蔡涛梳理了中央美术学院、中国美术学院、广州美术学院的创校者——来自广东中山的郑锦、来自广东梅县的林风眠以及创立了广州美术学院前身广州市立美术学校的开平人胡根天，他把这概括为一个历史景观：现代美术教育制度在中国的初期传播，广东人几乎包了场。而郑锦显然是在其中一个重要历史节点起到过关键作用的一位重要人物[1]。

[1] 蔡涛．“不似中画也非西画”：从广东看中国现代美术教育的发端 [N]. 南方日报，2014-07-20(A11).

麦华三

麦华三

笔墨神书风靡九州

他出身清贫，痴迷书法，历经波折自成一家面目，所题书作风靡人间，他的小楷融汇各大家精粹，刚柔并蓄，拙雅相融，在近百年来的书法史上留下精彩一笔；他倾尽祖产薄田，积劳成疾，撰成《古今书法汇通》，初版因战火尽数被劫，不料竟在日本被译为日文大受欢迎；他主编《书法研究》杂志，年纪轻轻便显露出惊人的学术敏锐性、自觉性和抱负，被誉为“现代最有影响的书论家”。

人物名片

麦华三。资料图片

麦华三（1907—1986），广东番禺人，著名书法家、理论家及书法教育家，生前先后任教于广州大学、中华文化学院、华南联合大学和广州美术学院，任广州美术学院副教授、广东省文史馆馆员，并兼任广东省政协委员、中国书法家协会理事和广东省分会副主席、顾问等职务。毕生致力于书法艺术研究，五体皆工，擅楷书、行书。著述宏富，有《岭南书法丛谭》《古今书法汇通》《中日书法交流史》等20多本著作传世，为岭南最具影响之书论家，对20世纪中国早期书法批评实践及学科建设作出重要学术贡献。

要说现当代哪位书法家的题字最风靡世界，麦华三“贵州茅台酒”五个字一定名列其中。五个字，凝聚了一位岭南书法大家一辈子的功力，也使他在网络时代再次彻底“出圈”，获得民众的关注。

麦华三出身清贫，年少时无力购置碑帖名作，不止一次因病失学，靠流连书肆，饱览古籍，广结师友，历经波折，最终在 50 岁左右确定了个人的艺术面貌，成为书法大家，曾任中国书法家协会理事和广东分会副主席，影响广泛。

为撰成《古今书法汇通》，他倾尽祖产薄田，积劳成疾，新印成的著作却因战火尽数被劫，被译为日文再版，不料竟扬名海外，为日本书界所熟知和喜爱。

他还是 20 世纪初广东书法史研究和书法批评理论的开拓者，主编《书法研究》杂志，身体力行为书法批评从无到有、从理论到实践发力，年纪轻轻便显露出令人惊讶的学术敏锐性、自觉性和抱负，被后人誉为“现代最有影响的书论家”。

麦华三的书学理论，于深厚的书法功力上形成，追求平实、求是的学风，敢于平视前人权威，进行严谨理性的追问，将康有为之后的现代碑学从博大导向精深迈出切实的一步。

麦华三的艺术与人生，最终定格为一位放下身段、免费授徒的群众文化倡导者和力行者，对求教者来者不拒，有教无类，倾囊相授，老师这一角色贯穿了其 48 年的岁月。

尤为难能可贵的是，在书法不被重视的年代，麦华三坚信传统文化的价值，决不另觅他途，其诗云：“未应惆怅是荼薇，待得春来燕子飞。二十四番更迭意，东皇那肯歇芳菲？”展现出一位智者的识力和文化自信。

兼容并蓄炼成“麦体”

1907 年，麦华三出生于广州一户普通人家，父亲麦学贤原籍广东番禺石碁镇官涌村，谋生于五金杂货店，母亲是家庭主妇，日常做针线活补贴家用，一家人过得十分俭朴[1]。

父母对麦华三寄予厚望，尽管经济不宽裕，3 岁多就把他送入私塾学习。

麦华三天性聪颖，勤习诗书，少年时代开始对书法艺术展现出极大兴趣，因条件限制无法常购碑帖，他便流连旧书摊，到处参观书法遗迹，照样精进。广州市内如苏轼“约经堂”“归德门”篆刻以及宋湘“陕西会馆”、王令“太乙天都”“状元坊”等，都曾留下少年麦华三观摩神会的身影。

麦华三早年曾游学于李拱平、陈海天及晚清举人李泽南门下，进而吸纳在岭南地区有广泛影响力的光绪年间进士吴道镕笔意，倾向雄健厚重风格。

麦华三对书法有着极大痴迷和执着。一位友人家中收藏有刘墉行楷四条屏真迹，他用双钩法复制下这件书法精品，此后长年不断临摹领悟，直至可写一手难辨真假的刘墉体[2]。后来麦华三对学生回忆，那段

[1] 梁鼎光．一代宗师 百世留芳：岭南书法名家麦华三诞辰百周年祭 [J]. 岭南文史，2007(3)：32.

[2] 梁鼎光．一代宗师 百世流芳：岭南书法名家麦华三诞辰百周年祭 [J]. 岭南文史，2007(3)：32.

时间他每天最开心的事就是临摹石庵（刘墉）的字。

麦华三在番禺老家所收学生的儿子、后来成为华三书院院长的麦向荣曾听父亲讲述，年轻时，麦华三无论遇到多么恶劣的环境，总是发愤忘食，乐以忘忧，有时在简陋的草棚中创作，没有桌子，便用木板简单架在窗边，另一头用绳子吊着固定，借窗光写作或挥毫。

17 岁时，麦华三晚上报读夜大，白天教儿童书法赚学费，每日工作、学习 10 多个小时。20 岁，麦华三考入刚刚成立的私立广州大学预科，此时他也只能半工半学，时读时停。因此，他毕业的时间比其他同学要晚，1938 年 31 岁才从广州大学文学院教育系毕业。

原籍广州番禺南岗乡的著名财经专家秦庆钧是麦华三的同学，1936 年出任广东省营工业管理处会计主任，1939 年出任广东省建设厅、广东省财政厅会计主任，1942 年任梅州平远县县长。据他回忆，麦华三大学三年级时因病休学，家中无力负担学费，要靠设馆授童自立。

看到麦华三因忙于生计和养病暂停学业，秦庆钧介绍他在广州大学兼职，一边工作一边完成学业，1938 年毕业后，麦华三留校正式成为国文助教。

在广州大学求学期间，麦华三还结识了比自己小 3 岁、后来成为篆刻家和中山大学教授的黄文宽，两人志同道合，在书艺上相互促进。黄文宽是广东台山人，家中书画印收藏颇丰。这段时期，麦华三临摹历代碑帖，书艺突飞猛进。

麦华三醉心钟繇、二王，后选择以汉简构建麦楷大体框架。他对南北朝碑志也进行了潜心研习，及至唐宋各家，融汇多家，最终形成自己的风格。

璩龙林在其所著《广东历代书家研究丛书——麦华三》中

麦华三代表作小楷《洛神赋》

点评麦华三书法：“学欧阳询得其严整，学颜真卿得其丰厚，学黄山谷得其险劲，学刘石庵得其秀润，最终以墨守二王为归宿。”应该说，这一观点是中肯的，麦华三书法的艺术气质以帖学为最终依归。

麦华三书作体裁丰富，面貌多样，篆、隶、楷、行、草五体皆工，其中尤以楷书成就最著，貌丰骨劲，气质高古。广东人民出版社有他的《行书字帖》《麦华三楷书册》印行。

1962 年，时年 55 岁的麦华三写就其代表作《小楷〈洛神赋〉》，中国美术学院书法学院博士、广州美术学院书法篆刻专业副教授谭文选认为它具有三个特点：

一是格调高古，清健俊逸，自成一格。全篇整体感强，具有丰神疏逸、姿致萧朗之美。章法纵有行、横无列，错落有致，衔接自然，而在行与行之间，松紧自如，行间之字揖让有序、顾盼生姿。

二是结体合理，精严自如，独具特点。借鉴行草笔意，使结体灵动多姿又自然，在长短、俯仰、曲直、欹正、揖让、伸缩、向背等关系之间做到了大小长短适当、疏密得体、避实就虚、生气远出。作品体现了麦华三的结体意识自觉，如采用很多异体字的写法，如“赋”“年”“对”“艳”等字。

三是用笔纯熟，精到裕如，功力深沉。麦华三小楷书写十分注重提、按、顿基本功的锤炼，带有行书笔意，写得虚灵活脱，具有细微而生动的变化，轻重得宜，快慢合度。

“对比麦华三《洛神赋》与王献之所书《玉版十三行》中的字样，麦华三将‘捥’改为‘腕’，‘恱’改为‘悦’，‘仿偟’改为‘徬徨’，‘歡’字行草化，‘瓊’字、‘還’字、‘翠’字、‘牵’字均与原帖有别，可见麦华三对于字法处理的自觉性与慧心。”谭文选评价道。

麦华三能够写就这幅名篇，与他有缘获得王献之小楷《玉版十三行》原石拓片一帧不无关系。

传世的东晋大书法家王献之所书《洛神赋》刻本仅存十三行，是王献之的小楷代表作，对后来者影响巨大。历代书家均推崇此帖，并给予高度评价，甚至称其为“小楷极则”。

1954 年秋，麦华三与学生陈华一同北上游览杭州、苏州、南京、上海、济南、天津、北京，寻师访帖。在苏州旧书肆，他意外购得王献之小楷《玉版十三行》原石未毁坏时拓片一帧，奉为至宝。1962 年夏，此帖加上麦华三临本和考据文字一篇，由广东人民出版社出版，发行二万册，全国书界反响强烈[1]。

朱万章在其所撰《岭南书法》一书中，将麦华三称为一个纯粹的职业书法家。纵观麦华三生命的各个阶段，他的确无愧于这一称号。

在中国粤港澳地区和日本，麦华三成名颇早，他的书法在民间曾拥有盛誉，作品广泛流传，时人评论他平易近人，从不摆架子，对各地有需要题字的街坊常欣然应允，尽心写好。

20 世纪七八十年代，广州有许多老广熟悉的店铺招牌，如“广州友谊商店”“广州宾馆”“番禺宾馆”“流花宾馆”“太平餐厅”等，都出自麦华三之手，全省各地题字也甚多，在粤东有潮州开元寺“万法元灯”牌匾、莲花峰“天南第一峰”石刻、“潮阳第一中学”、“城南小学”、汕头妈屿村“观海亭”题匾，在清远有“飞来寺”，高校校名有“广州中医药大学”“广州体育学院”等等。

1958 年，经时任中央文史馆馆长叶恭绰举荐，国务院邀请麦华三以小楷抄录我国刚颁布的第一部宪法，完成后藏于国家档案馆。除此，麦氏代表作还有 1961 年为广东省人民委员会写的《马门烈士纪念碑》《向秀丽纪念碑》等。

[1] 梁鼎光. 一代宗师 百世留芳：岭南书法名家麦华三诞辰百周年祭[J]. 岭南文史，2007(3)：32.

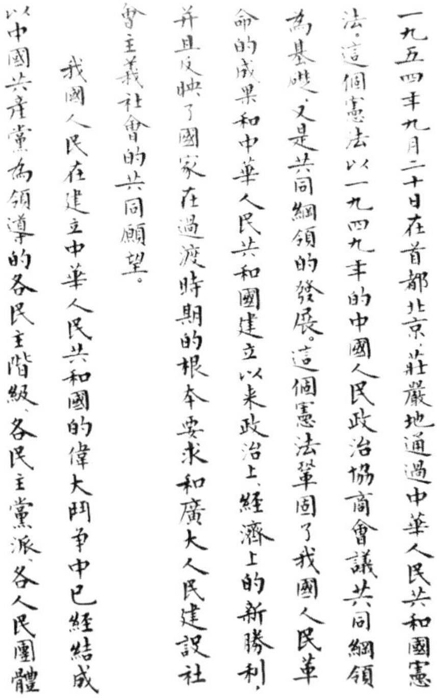

一九五四年九月二十日在首都北京，莊嚴地通過中華人民共和國憲法。這個憲法以一九四九年的中國人民政治協商會議共同綱領為基礎，又是共同綱領的發展。這個憲法鞏固了我國人民革命的成果和中華人民共和國建立以來政治上、經濟上的新勝利，并且反映了國家在過渡時期的根本要求和廣大人民建設社會主義社會的共同願望。

我國人民在建立中華人民共和國的偉大鬥爭中已經結成以中國共產黨為領導的各民主階級、各民主黨派、各人民團體

麦华三 20 世纪 50 年代为国务院书写的中华人民共和国第一部宪法选页

书法批评主要推动者

北京大学艺术学院研究员、博士生导师祝帅曾以梁启超、麦华三、张荫麟三位代表性人物为例，论述广东籍书法家、书法理论家对 20 世纪中国早期书法批评实践及学科建设的学术贡献。

在《岭南诸家与早期书法批评的生成——以梁启超、麦华三、张荫麟为中心》一文中，祝帅坦言，书法批评在 20 世纪从无到有，从“理论先行”的学科建设到批评实践的积累，乃至整个书法批

评学科生成的运动过程中，自己尤为看重的是书法批评在学术史上出现的历史意义，而梁启超、麦华三、张荫麟等岭南诸家在书法批评现代化的运动进程中，再一次扮演了主要推动者的历史角色。

祝帅分析，20 世纪上半叶，相对于书法概论和书法史，书法批评似乎没有得到集中的关照，甚至整个书法学科理论体系的建构都还是不够自觉的。当然也正是在这样的背景中，才愈发显出梁启超、麦华三、张荫麟等广东籍批评家在书法批评的理论与实践中的敏锐性来[1]。

1949 年，麦华三任广州大学文学院副教授。正是这一年，中国出现了由重庆中国书学研究会创办、沈子善主编的《书学》和由广州大学创办、麦华三主编的《书法研究》，在祝帅看来，它们当之无愧地成为 20 世纪上半叶书法学学术期刊的“双璧”，令人不得不对沈、麦二人在书法实践之余的学术抱负另眼相看，当时，麦华三 40 多岁。尽管以后来的学术眼光看，当时麦华三的几篇批评文章仍然多褒扬少针砭，与成熟时期的批评大异其趣，“与麦氏书法理论、书法史的学术价值相比还无法相提并论”[2]。

麦华三从 17 岁开始研究书法，23 岁时，还是广州大学学生的麦华三就发表了《文字递嬗举要》一文。

[1] 祝帅．岭南诸家与早期书法批评的生成：以梁启超、麦华三、张荫麟为中心[J]．美术学报，2014(2)：32.

[2] 祝帅．岭南诸家与早期书法批评的生成：以梁启超、麦华三、张荫麟为中心[J]．美术学报，2014(2)：32.

麦华三著作

鉴于全面抗战前所出版的碑帖书史均未能上下古今以汇通，麦华三立志编写《中国书法艺术》，从 27 岁到 30 岁，历经三载，该书终于撰成，此时麦华三已卧病在床，无法进行校对。承印的石印局缺乏碑帖编排素养，致使全书编排次序凌乱，不得已改名为《古今书法汇通》，岭南画派大师高剑父为该书题了书名。

1938 年 10 月，广州沦陷，麦华三避难香港，等他事后返回，家中书物已尽数被掠。不料战中这本书流传到日本，被人译成日文，为日本书道界所赏识，他也以美术史家的身份为日本书家知悉。

近 20 年后的 1957 年 11 月，中日书法第一次交流展在东京开幕，麦华三两件书作入展，日本书法家见他仍健在，予以密切关注。日本书法家西川宁在其所撰介绍参展中国书法家的文章中，将他称为美术史家。后日本书法家代表团访华，西川宁、梅舒适等日本书坛名家多次到广州与麦华三见面交流。

《岭南书法丛谭》一文是麦华三书法史和书法批评的代表作。1938 年，叶恭绰在香港举办“广东文物展览会”，特邀麦华三撰写点评广东历代书家与书迹的评论文章，麦华三耗费几个月的时间查阅文献、深入访谈，进而写下这篇评述精辟而公允的力作。

文中，麦华三还谈到广东书家对全国之贡献，谓“白沙之书，起元明之衰，功不在韩愈下”，又谓康有为“集碑学之大成，突出古人”，“以一人之力，转变书风，迥异前代，成书史之变例”，“自《广艺舟》（即《书镜》）印行以来，流遍全国，普及东瀛，不特我国书风，为之丕变，且扶桑三岛，亦奉为圭臬”，“书缘广结，自古至今，固鲜俦匹，而其贡献之伟大，实开吾国书史最光荣之一页焉”[1]。

中山大学教授、博士生导师、中国书法家协会原副主席、广东省书法家协会原主席陈永正认为麦华三《岭南书法丛谭》为广东书学史上重要的著作，其中观点实为公论，绝非乡里阿好之言。1994 年，陈氏《岭南书法史》出版，将麦华三誉为“现代最有影响的书论家”。

1941 年日军占领香港，麦华三逃难至韶关，当时广州大学无法马上安排教职，他处境困窘，在缺乏保障、资料匮乏的情况下，仍完成《书法源流》一书。该书从

[1] 麦华三．岭南书法丛谭 [M]// 广东省文史研究馆．广东文物．上海：上海书店出版社，1990：718.

3000 多年前的文字源头开始展开汉字流变历史，由图画式的“文”发展为符号式的“字”，由实用而审美，进而演化为书法，及至民国，囊括各家各体 300 余帧作品。他还先后应中山大学、岭南大学、仲元中学邀请讲授书法。

时韶关地区汇集众多文化艺术界人士，1943 年，麦华三与黄文宽联系召集百余书画界名家雅集，成就一桩倡导书风、宣传抗战，以文化保存国粹的战时佳话。

抗战胜利后，麦华三随广州大学迁回广州复课，仍任教于广州大学，次年兼任中华文化学院副教授。1948 年受高可宁委托，筹建家乡“茂生纪念学校”，并任该校名誉校长。有了茂生纪念学校较好的课室条件，麦华三利用闲暇在此授课，经年累月为家乡播散了无数书法种子。

广州解放后，院校合并，麦华三应聘为华南联合大学文学院副教授，不久应中山大学教授冼玉清之请，为该校鉴定历代碑帖，随后编纂了《王羲之年谱》。

晚年，麦华三投入全副精力撰写《中日书法交流史》。1983 年，他罹患直肠癌，进行手术后，仍投身工作，并应香港中文大学之请，到香港讲学一个多月。

1986 年 12 月 25 日，麦华三在广州逝世，他的学生分别在广州和香港成立了“麦华三书法会”，用来纪念他们的恩师。

在他人生的最后阶段，求教和求字者仍络绎不绝。在去世前不到一年，他支撑病体，应邀为贵州茅台酒、《移动通讯》杂志等题签，为艺坛留下自己的书法绝唱。

敞开家门　免费授徒

自宋元以来，中国传统艺术追求诗书画印“四全”，书画家对于自己所用印章十分看重，印章既体现了艺术家的修养与意趣，也是无言的心声。“心正笔正”是麦华三日常最喜欢使用的闲章之一，或许这正是他为人从艺的人生底色。

作为教师，麦华三有相当漫长的书法教育从业经历，是一位卓越的书法教育家。

1961 年，麦华三调任广州美术学院副教授，成为当时国内为数不多的专职书法教授之一。在美院任教期间，如林墉、苏华、谢志高、钟增亚、熊启雄、关则驹、曹国昌、吴泽浩、陈振国、张治安、陈新华、梁如洁、方楚雄、黄小敏、王大鹏、陈侗、陈文光、马文西、梁蓝波、万小宁、张弘、朱永成、周勇、左正尧、张彦、陈湘波、方土、安林等，都曾得到麦华三亲炙，后来都成长为教授、全国名家、学者[1]。

直至去世那年，麦华三还在为广州美术学院及附中培育人才。

在将书法推向大众化方面，麦华三也做出过重要贡献，为广东书坛培养了一支坚强的后备力量。

广东省书法评论家协会副主席兼《书法评论》编委会副主任黎向群认为，新中国成立至 20 世纪 90 年代以前，广州市是群众性书法活动开展得最活跃的城市。这样的结论依据主要是 1962 年秋广东省文史研究馆创办文史夜学院，1963 年成立

[1] 谭文选，张政．麦华三小楷《洛神赋》[M]// 陈志平．岭南书法．广州：广东人民出版社，2023：253.

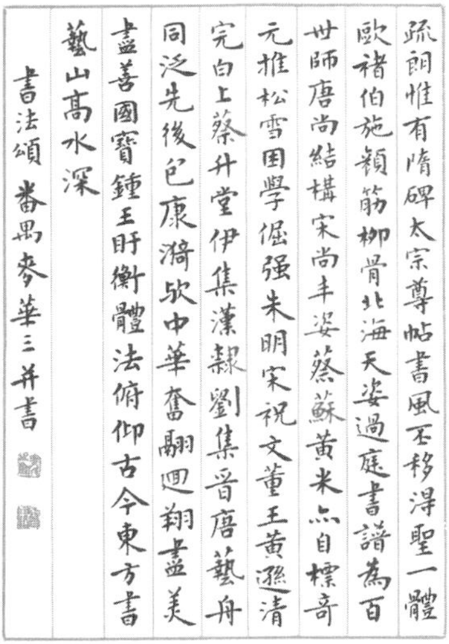

麦华三楷书

广东省书法篆刻研究会，举办各类展览和书法学习班，培育书法人才。广州的群众书法基础好，得益于侯过、容庚、商承祚、吴子复、秦咢生、李天马、麦华三、李曲斋、朱庸斋、吴三立、黄文宽、何绍甲、莫铁等老一辈书家的言传身教，薪火相传。

其中，文史夜学院的书法班的主要创办人正是麦华三。他编写的《书法教材》《楷书基本功》等教材，为学书者提供了一套行之有效、循序渐进的习书之法。一批现在仍活跃于广东书坛的老书家，相当一部分是广州文史夜学院的毕业生。

麦华三还在家中举办万简楼周日书法讲座，远近闻名，吸引了当时广州及周边大量的书法迷，可谓满门桃李。1961 年前后，主流媒体对他的故事有许多报道，他的学生也有很多回忆文章。

亲历者、广东省文史馆馆员、广东省书法家协会原副主席

麦华三故居。林旭娜 摄

梁鼎光回忆，万简楼周日书法讲座不辞老少，四方学子盈门，先到者坐，后到者站，里外几层，围着老师，济济一堂。麦华三时而示范，时而点评，就这样日复一日，“只讲奉献，不求回报，更时常赠学生字帖、作品”，“真乃书坛老雷锋”。

梁鼎光从20世纪60年代初开始追随麦华三学艺，时间跨度长达20多年，深受其影响。

认识麦华三时，他是一个喜欢写写画画的大四学生，未曾拜师学过书法，在《羊城晚报》上读到麦华三的故事后，怀着好奇和好学的心情给编辑部写了一封信请求转达，没想到几天后就收到麦华三的回信，他激动之余应邀登门，发现同道者众多。

在文章《一代宗师 百世留芳——岭南书法名家麦华三诞辰百周年祭》中，梁鼎光回忆：“凡得先生教益的入室弟子，都能写王，更是写钟王小楷的好手。”1986年麦华三去世后，他“感念师恩之心无时不萦系于心”。

麦华三题的“招牌”原作。林旭娜 摄

广东南海人、暨南大学历史学系副教授冼剑民也是当年周日书法讲座的学生之一，他生前也撰文记述了自己登门学艺的经过。

1968 年，时逢“上山下乡”，冼剑民在三水当知青，求学无门之际，鼓起勇气写信给久已仰慕的麦华三。“当初我只出于一种幻想，出乎意料的是麦老师竟然给我回信，叫我到他家学习。那天我兴奋得一夜没睡。”

多年后，冼剑民对于第一次登上万简楼的记忆仍然历历在目。万简楼是一座十分破旧的房子，一条木楼梯，已被众多前来求字的客人踏得呀呀作响。阁楼虽小却满布字画，是一个艺术的天堂。初次登门的冼剑民既惶恐又激动。

“麦华三老师高瘦的身材，天庭高耸，稀少的白发，一双炯炯有神的眼睛，给人一种渊深和博学的风采。”麦华三满面笑容地对冼剑民说：“写信向我求学，有胆量！不过学习书法

位于广州番禺的华三书院。林旭娜 摄

要以王羲之为师，王羲之是泰山，我是白云山，如果你光学我的字就只能成越秀山了！”

华三书院院长麦向荣曾对媒体说，麦华三生前最大的心愿是开办一所学校，将自己研究多年的书法艺术传承下去。而在麦华三之子麦广生记忆中，父亲很喜欢教别人书法，至今他仍记得每逢周末父亲走进工厂、学校授课的情景，无论老少，只要感兴趣、想学，他都亲自教，即使家中狭小，条件不好，父亲也要在简陋的家中教授书法。有人找他题字，他也一定帮忙。

“他很热心助人，我爸从小就跟着他学习书法。有一次我爸看到邻居找麦华三帮忙穿针线，他眼明手快一下子就穿好了，可能是长期书写小楷锻炼出来的。”麦向荣津津乐道。

麦华三书学在精深与入俗两个方面都追求极致，尤其是中年后倡导书法要为广大群众服务，要书写群众看得懂、喜闻乐

麦华三题写的“贵州茅台酒”。资料图片

见的书法，后期楷书与行书多数通俗易懂。

全国正式推广简体字后，麦华三常用简体字，书写了大量的书法作品，如“贵州茅台酒”也是用简体书写，有利于促进当时群众的文化教育、普及书法学习。也有学者指出，迁就社会需要、大力传播书法文化的积极意义背后，另一种影响是麦华三部分作品偏通俗。

客观而论，麦华三在书艺、书论及传播书法艺术等方面均创造了他在那个时代独特的影响，且其身后这些影响还在继续。麦体能否真正在中国书法史上占一席之位，历经时光考验，成为浩繁经典中无法绕过的明珠？

在临终之前，麦华三教诲长孙切不可自称“麦体”，“应交由人民评判”，作为书论家，其中蕴含的谦逊、理性、超脱各占几分？思之不禁令人遐想，咀嚼良多，深感敬意。

“一种学术之演进，必有疑之者，必有妒之者，必有毁之太甚者，必有誉之太过者……”70多年前，麦华三在《艺舟书影》中对如是说。对于自己的书学成就，麦华三心中定然已有一个公允的结论。

陈乐素

上篇

陈乐素
家学渊源继绝业

1931年，九一八事变震惊全国，“靖康耻”的文化记忆再次刺痛一大批知识分子。在北平的陈乐素，读着报纸，潸然泪下。作为史家，他感到自己应该担起一份责任，遂下决心转向宋史研究，自此，陈乐素终生以治宋史为学术志向，成为这一学术领域最重要的开拓者之一。

人物名片

陈乐素。资料图片

陈乐素（1902—1990），原名博，自号乐素，广东新会人，宋史专家，是我国宋史研究的开拓者之一。父亲为我国著名历史学家陈垣。1918年赴日留学，在明治大学读政治经济科，1923年归国，在广州南武等中学任教，1926年大革命期间，投笔从戎，参加北伐军任宣传员。1928年返上海，开始研究历史，在其主编的《日本研究》杂志上，发表研究古代中日交往史的《魏志倭人传研究》，受到史界好评。1931年九一八事变后，开始研究宋史，“以古喻今”，隐含对当局不抵抗政策的谴责。历任浙江大学教授、中国社科院历史研究所兼职研究员、浙江师范学院教授、暨南大学教授，推动成立了暨南大学中国文化史籍研究所，培养了大批宋史人才。著作有《求是集》《宋史艺文志考证》《宋元文史研究》等。1990年7月20日，与世长辞，享年88岁。

他出身名门，家学渊源，终生以治宋史为学术志向，呈现出文献研究与史学研究兼长并重的学术格局。自 1933 年发表第一篇研究宋史的论文《宋徽宗谋复燕云之失败》后，他从事宋史的研究长达 57 年。

他学贯中西，自幼受父亲学术思想、治学方法等影响，成年后先后两次东渡日本，1918—1923 年在日本明治大学攻读政治经济学，兼搜集史料；1935 年，他由蔡元培推荐，奉命前往日本进行学术考察。

他为人师表，从在广州的南武、大光、培英等中学任语文、历史教师，到成为浙江大学、浙江师范学院、暨南大学教授，从事教育工作长达 65 年。自 1942 年开始培养研究生，至 1988 年最后一届研究生毕业，受业弟子数十人，分布于国内外史学界，其中许多是知名学者。新中国成立后，他还参与编写新中国第一部中小学历史教材《中国历史》。

他就是陈乐素，广东新会人，被史学界公认为 20 世纪中国宋史学的奠基者与开拓者之一。他的父亲是被学术界誉为“民国以来史学开山大师”的著名教育家、史学家陈垣（1880—1971）。陈垣20世纪20年代与王国维齐名，后来与陈寅恪并称“史学二陈”，被著名汉学家伯希和认为是“中国近代之世界学者”。而陈乐素的儿子陈智超在宋史研究上也颇有建树，陈氏一门三代史学家成为学界美谈。

史家的本分

1918 年，16 岁的陈乐素与 14 岁的二弟被陈垣送到日本留学，当时，这位未来的史学家选择了经济学作为自己的学习专业。

在去日本之前，陈垣给陈乐素的嘱咐是：要多去听学术讲座，多到图书馆搜集和中国相关的史料。

陈乐素长子、中国社科院历史研究所研究员陈智超78岁时在广州接受笔者采访，他说，1918年陈垣发表《记大同武州山石窟寺》，并于1919年将这篇文章和日本建筑研究学者伊东忠太博士介绍云冈石窟建筑的文章合集，“编者按”中即提到，日本作者的文章是陈垣先生的“哲嗣”（儿子）孟博（即陈乐素）从《国华》杂志中抄出的。可见陈乐素在日期间的确花了很多心思在完成父亲交代的事情上。

“现在，我还保留着一份父亲在东京帝国图书馆为祖父抄写的材料，是有关教会史的，封面上有祖父的题字：‘一九一八年六月博儿抄于东京帝国图书馆’，背后还有批语，说明这些材料的用处。”陈智超认为，陈垣的有意指引和陈乐素在日期间的实际行动直接影响了他后来在学术上转向史学研究。

1930年1月，只有28岁的陈乐素在《日本研究》上发表《魏志倭人传研究》，立即受到史学界的关注和好评。

在日本期间，他接触到不少日本学者。陈乐素发现在研究中国、东亚的学者中，有一些是纯粹的学者，忠于史实，但也有一些学者，主动或被动地借着研究中国为日本军国主义侵略中国做调查和铺垫。

陈乐素意识到对此应该保持警惕。有鉴于此，他觉得有必要客观地介绍几千年来的中日关系史。同时，日本本国的古代史很大一部分是神话化的，把天皇的起源推演得很早，不符合历史事实，日本学者知道这种事实，但是不敢说。而陈乐素认为，日本与朝鲜的史籍，特别是中国的史籍，对于日本古代史有许多可靠记载，可以据此复原部分被湮没的日本古代史。

因此，陈乐素转而开始研究中日关系史和日本古代史。1930年，他与陈彬和合办《日本研究》杂志，在上面发表了多

陈乐素、陈垣、陈智超一家三代。资料图片

篇有关古代日本史和中日关系史的论文。他的文章考证了有确实记载的中日之间的文化交流史，始于公元1世纪东汉光武帝时。

据陈智超介绍，陈乐素当年的文章《光绪八年朝鲜李（大院君）案与朝日订约史稿》，是关于中日关系非常重要的文章，马相伯、蔡元培、黄炎培曾经给予这篇文章非常高的评价，并为之作序。

陈智超认为，学界对陈乐素古代中日关系史与日本古代史的学术研究成果还没有充分的认识，应该重新加以评价。他整理出陈乐素在《日本研究》杂志时期的一批文章，发现陈乐素原本

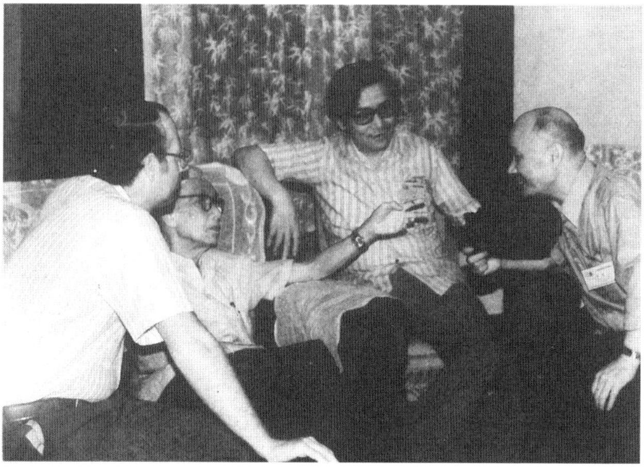

1985 年，出席杭州“国际宋史研讨会”期间，陈乐素（左二）与其他专家交谈。暨南大学档案馆供图

准备将中日关系史一直写到甲午战争，但是九一八事变打乱了他的研究计划，之后他便因史家责任转向研究宋史了。

1931 年，九一八事变震惊全国，“靖康耻”的文化记忆再次刺痛一大批知识分子。在北平的陈乐素，读着报纸，潸然泪下。作为史家，他感到自己应该担起一份责任，遂下决心转向宋史研究。

一些新的学术材料显示，1931 年到 1932 年，在现在的国家图书馆（时为北京图书馆），设立了许多专门的研究室，当时一共给 13 个专家设立了研究室，因为九一八事变，有四五个专家专门研究东北问题，有的从现实问题进行研究，有的从历史问题进行研究，这几位专家中，便有陈乐素和其妻子洪美英女士。

随后，陈乐素发表《宋徽宗谋复燕云之失败》《徐梦莘考》《三朝北盟会编考》三篇重要文章，奠定了他成为现代宋史研究开拓者与奠基者之一的地位。后来有学者评价，尽管陈乐素发表的专业论文数量不算多，但每一篇皆成定论，为学界所公认。

《宋徽宗谋复燕云之失败》是他选择宋史之后的第一篇文章。宋徽宗是政治上的昏君，宋朝是历史上外族入侵最厉害的朝代。当然，中华民族内部的战争跟日本侵略中国的性质根本不同，但在历史语境中，战争有正义、非正义之分，知史可以明鉴。

在《徐梦莘考》中，陈乐素写下了这样一段话："靖康之耻不仅仅是宋朝人不能遗忘的，也是汉民族历史上最大的耻辱之一。徐梦莘刚刚 4 岁的时候就身逢其难，母亲把他背着到南方去，徐梦莘才拣了一条命。长大之后他就知道家难是由国难而来的，有了这样一种切肤之痛，所以他就要研究这段历史。"

陈智超认为，这段话也是他父亲的切身体会，他为什么要研究这段历史？就是因为九一八的国难激发他要在宋金关系中寻找历史教训。

1935 年，陈乐素由蔡元培推荐，奉命去日本考察，关注的中心问题是中国典籍在日流传情况与日本的中国史研究状况。

这是他第二次东渡日本，带着儿子和女儿在日本停留了一年多。1934 年 4 月出生于上海的陈智超，随父亲东渡日本时只有 1 岁，因此 3 岁时他才第一次见到祖父陈垣。

陈乐素回国以后，要向教育部报告此行的考察情况，但一直以来，陈智超没有找到当时的考察报告，他引以为憾，并相信这份报告是对陈乐素日本研究的一个有价值的补充。

家学与传承

陈乐素从一个读经济科的学生转而研究日本古代史和中日古代关系史，转而入宋史研究领域，随即大放异彩。《宋徽宗谋复燕云之失败》发表在1933年12月辅仁大学《辅仁学志》的第4卷第1期上，陈乐素又接连围绕宋金关系，写了《徐梦莘考》《三朝北盟会编考》，先后发表在1934年的北京大学《国学季刊》和1935、1936年的《历史语言研究所集刊》上，都是当时的顶级学术刊物。陈智超说，原来中国宋史的研究是比较薄弱的，这三篇文章在当时的宋史学界相当突出，一举奠定了陈乐素现代宋史研究奠基人的地位。这很难不让人好奇，是天赋、勤勉还是家学渊源的助力？是否与其父亲陈垣有直接关系？

陈智超认为，陈乐素走上历史研究的道路，的确受到祖父的影响，可以说是潜移默化。但就连陈氏家族的第三代史学家也没有确证回答祖父有没有直接指导过这三篇文章的写作，“但我认为他应该得到指导、支持，这样的说法不会太背离实际情况”。

陈垣之孙、陈乐素之子陈智超。陈平生 摄

陈智超曾编注过一本《陈

垣来往书信集》，1990 年由上海古籍出版社出版，其中收录陈垣和陈乐素的往来信件 104 通，多数是父亲写给儿子的家书。

中山大学历史系教授、博士生导师张荣芳分析这些信件后认为，陈垣对陈乐素的影响，包括了“学术思想的传承、治学方法的传授和教书育人的教诲”。“学术思想上的传承方面主要内容包含‘实事求是’的科学精神、通史以经世致用的思想；治学方法传授重点，主要是以目录学为治学门径、搜集材料要‘竭泽而渔’、专题深入与窄题宽作的方法”[1]。

关于父亲治学思想对自己的影响，陈乐素也曾在《求是集》（第二集）中诚恳地说：“就学历史而言，我的家庭条件比较有利。我父亲陈垣……还在我幼年时代，他就通过讲论和实践教育我，启发我对学习历史特别是中国古代史的兴趣和搜集史料的重视。”

从陈智超编注的这本《陈垣来往书信集》中也可以看到，陈垣会对一些具体专题进行具体指导。然而，学术传承非同财富继承，可以直接转移，没有过人的天赋、严谨的学术训练和多年勤勉，难以成就绝学。

陈智超也认为祖父和父亲从未刻意培育史学家的“接班人”，纯粹依赖开明家风，以鼓励和间接启发为主。

[1] 张荣芳．陈垣与陈乐素父子的学术传承：读陈垣致陈乐素书信[J]．学术研究，2005(2)：121.

“祖父有11个子女，只有我父亲研究历史，到我这一辈，兄弟姐妹更多，只有我学历史。”在陈智超看来，不管是祖父对父亲，还是父亲对他，都从未提过自己的小孩应学习历史，之所以三代人都走上史学研究之路，原因可以用6个字概括：第一是“开明”，第二是“启发”，第三是“责任”。

他认为一家三代历史学家，与陈氏家族生活在岭南这样一个南风窗下有一定的关系。陈家祖上做药材生意，新会的陈皮很有名，俗话说，“百年陈皮胜黄金”，陈智超的高祖父从家乡新会收购陈皮到广州售卖，以此起家，创办了药材店“陈信义”。

陈垣是家族里第一个真正意义上的读书人。在商人家庭里，出了他这样爱读书的孩子，全家长辈都抱着很大期望，期望他能取得功名，光宗耀祖。但是陈垣读书从不限于应试的四书五经，而是如饥似渴地读了很多史书。12岁时，他从私塾老师那里读了张之洞编撰的《书目答问》后，进一步找到读书门径，学会根据自己的需要按书目买书，后来又读了《四库全书总目提要》，更是眼界大开。

所以陈垣少年时期买书，长辈都不支持，只有他的父亲力排众议，大力支持他买书、读书。光是买一部《二十四史》，就花了100两银子，据家人推测，他当时买书的钱加起来应该有上千两银子。

陈垣自己是教育家，担任辅仁大学、北师大校长时间跨度长达46年之久，有一整套科学的教育理念和方法，对于陈乐素这一辈他又是怎样培养的？

陈智超介绍，祖父坚持以引导为主，例如，陈乐素7岁的时候，陈垣用《三国演义》给他做学习文史的启蒙读物，让他把每一回第一次出现的人名和地名写在书眉上，还要记熟。

“等到父亲大一点的时候，就让我父亲帮抄写一些相关历史资料，通过这样的办法培养他的兴趣和读书方法。”陈智超说。

陈垣认为，“教”和“育”是两个不同的概念，“教”就是有人教，“育”就是“熏育”，不是教，而是在那种环境氛围里培养。

第三代史学家

陈智超又是如何走上历史研究的道路呢？

他告诉笔者，自己与父亲相似，都是长子，遭际多有相似之处，也同样受益于陈氏家庭教育的六字真言：“开明”“启发”“责任”。

所谓开明就是没有强迫你要走什么路。陈智超 1952 年中专毕业后，被分配到云南参加国防公路修建，陈乐素也没有要求他一定要去考大学。

后来陈智超想考大学，但单位不放人，直到 1957 年，远在云南的陈智超在征得领导同意之后得以报考大学，最终以第一志愿历史学专业被北京大学录取。

陈智超决定报考北大历史系，考试前并没有告诉父亲，考取之后才给他发电报，陈乐素很高兴。回到北京报到时，一向不善流露情感的父亲再次表现出欣慰之情，因为他们家庭的第三代终于有人从事史学，并且是真正的科班出身。

陈智超大学毕业前夕，中科院历史所一位领导找到陈智超，建议其报考陈乐素的研究生。

自 1954 年起，陈乐素一直忙于全国中小学历史教材的编写工作，他治宋史的学术专长未能得到充分发挥，因此历史所希望陈智超能一边跟随学习，一边协助陈乐素发挥其学术专长。于是，陈智超经过严格考试，成为陈乐素这一时期的第一位研究生。

“我选择学历史，也是受到父亲的启发。”陈智超给笔者讲了一个故事。

陈乐素写《宋史艺文志考证》，要先查《四库全书总目提要》在哪些地方提到《宋史艺文志》或《宋志》，就让他和二姐两个人查，各分一半，查出来就用红笔做记号，这是第一遍。第二遍让两人交换检查，如果发现对方的错误，就给一个奖品。本来这是很枯燥的工作，但是由于有这样一种竞争游戏，激发了孩子们的积极性。

等陈智超大一点了，就帮忙抄材料。7岁的时候，陈乐素开始带儿子去图书馆抄材料，“那时候也不懂，就当是练字。后来慢慢加任务，帮他统计一些资料，他很多著作里的资料都是我帮忙统计的。在不知不觉当中，慢慢启发你，熏陶你，培养了对史学的兴趣”。

至于“责任”，陈氏三代史学家有着更为深邃的理解——你是中国人，就有中国人的责任；你是长子，就有长子的责任；你是中国史学家，你就有中国史学家的责任。

陈乐素为学、为人、为师皆严于律己，宽以待人，精心育人，深深影响了陈智超。子女里陈乐素对陈智超管教最为严格，经常提醒他要尽长子的责任。但也有“优待”，一些活动父亲多会带他去，因此他见过胡适和傅斯年，陈寅恪就见得更多了。香港沦陷之后，条件很艰苦，陈乐素父子曾扮作难民给陈寅恪一家送过大米。

后来，陈寅恪的女儿陈流求、陈小彭、陈美延在《也同欢乐也同愁：忆父亲陈寅恪母亲唐筼》中追忆抗战期间的生活：“随着日军占领愈久，食物愈发紧缺……一天，陈乐素先生带领一个孩子，背着一个布袋来到我家，原来布袋中装的是米。他扮成携子回乡的难民，冒着生命危险，绕路把米送到我们家。”而这个孩子就是陈智超。

“文革”过后，陈智超全身心投入学术研究中，著书立说，尤长于宋至明史研究、历史文献学等方面，代表作为《解开〈宋会要〉之谜》。在年近古稀之年，他又着手编纂《陈垣全集》，历经七载，终于付梓，全书 1000 万字，一半左右是陈垣生前没有发表或集结的著作。

在 78 岁高龄时，陈智超接受过笔者专访，当时他仍然每天工作 7 个小时，辑补《旧五代史》，诚如他自己所说：“我要做出一个比辑本《旧五代史》更接近原本《旧五代史》的版本，目标是将来取代现在通行的版本。”

作为中国基本史籍的二十四史，也即所谓“正史”，因权威性具有独有的重要地位。然而在二十四史当中，有二十三种是原本流传下来的，只有《旧五代史》到明代就已消失不见。后来所见到的通行本，是清代四库馆臣从《永乐大典》中辑出的本子。但是这个本子被学界认为不够理想，陈垣早在 20 世纪 30 年代便指出《旧五代史》中有需要修订之处。

这一工作，自陈垣起，经过祖孙三代，由其长孙陈智超最终完成。2021 年，陈智超 87 岁，450 万字的《辑补旧五代史》正式出版[1]。

[1] 感谢历史学博士郎国华、金强两位先生引荐采访陈智超先生，并在本文初稿时提供学术指导与帮助。

王越

王越

两次复办暨南大学

王越与陈寅恪、梁实秋、吴宓等大师有过不同寻常的交往，读书人的本色一生不变。20 世纪 80 年代中期，在台湾的梁实秋思乡心切，给王越手书了一首杜甫的五律，表达回乡意愿。王越为此奔走，却因为种种原因未能如愿，没想到一年后梁实秋就逝世了，为此王越写下“长吟江汉思归客，万里云山一惆然”的诗句抒发遗憾。

人物名片

王越百岁时照片。袁动群 摄

王越（1903—2011），教育家，生于广东省兴宁县一个农民家庭，终年108岁。他师从陶行知，与陈寅恪、吴宓、梁实秋等大师级人物交好。在超过一个世纪的人生历程中，王越一直对贫苦大众抱着炽热的爱心，教育家本色一生不变；他两次承担起复办暨南大学的重任，对百年侨校的复兴和发展厥功至伟；他积极入世，热情参与社会工作，而学人底色不变，科研工作不辍，著有《人格测量》《教学原理》《南楼诗抄》《桑榆集》《百岁王越诗文选》，合作英文著作 *The age of free philosophical contention*（《哲学上的自由争鸣时代》），合作编写《中国古代教育史》《中国近代教育史》等。

他出生于中国最迷茫的时期，却立志用一辈子的时间追求真理。

他的出生之地，是偏远落后的粤东山区，因而他深刻理解平民的不易，虽居高位却始终关注平民教育，“援饥援溺心头热”。

他一生最推崇墨子和陶行知，从学生到学者，从副教授到教授，从中山大学教务长到暨南大学副校长，终身实践陶氏教育理念。

他以 55 岁之年临危受命，一肩挑起重建暨南大学的重任。

他 75 岁再次策马上阵，复办“文革”时被停办、飘零四散的暨大。

他百余岁仍奋笔疾书，用诗词文章针砭时弊，去世前一直思考着教育界存在的问题。

他与陈寅恪、吴宓、梁实秋等大师有过不同寻常的交往，为中国设立教师节出过一份力。

他 108 年的人生，成为中国近代以来知识界和教育史中一把特殊标尺，用生命刻度见证学林跌宕沧桑。

“辛勤育才教泽泰斗，淳朴修行人寰福星”，2011 年 2 月 26 日，王越在广州去世，远在美国的学生用这样一副挽联致以痛悼。

与陈寅恪、吴宓、梁实秋之情甚笃

退休教师王思明、王思华兄弟，对父亲王越的身份有个朴素的界定——不似官员的“官员”，还特别强调，“官员”要加上双引号。

在他们看来，父亲虽然担任过各种行政职务，但读书人的本色一直不变。

王越与夫人早年照片。暨南大学档案馆供图

王越一辈子浸淫教育界，与知识分子打交道是他最主要的工作之一，作为教育家，他忙于教学管理之余，论文、著作不断，还非常喜爱写古体诗，作为广东中华诗词学会名誉会长，他生前最后出版的著作是《百岁王越诗文选》。

陈寅恪、吴宓、梁实秋等大师级学人对其人品、学识的认可和友谊，可谓是王越保持知识分子本色最好的旁证。

王思明在接受笔者访谈时介绍，与王越交往深厚的学者众多，如陶行知、陈寅恪、吴宓、王起、梁实秋、王宗炎、刘佛年、梁宗岱、戴镏龄、高觉敷、李善邦等，其中有的和王越常有书信往来，唱和的诗词作品也不少，暨大知名教授陈乐素、赵元浩、朱杰勤、翁显良、曾敏之和王越都过从甚密。

在《陈寅恪教授与吴宓教授》一文中，王越写道："1952年中山大学与岭南大学合并，陈先生留任历史系教授。我作为教务长曾征询陈先生是否要安排功课，他断然决定每个学期要开一门课。由于行动不便，只好在他住所的阳台上安排一个小教室，让一些教授及高年级学生前往听课。有个时期，我也前往聆取教益。”

在此类日常交往中，王越与陈寅恪建立了深厚友谊，文化教育界甚至有了“要找陈寅恪先找王越”的说法。

大约在1953年秋天，广东省文教厅厅长杜国庠提出拜访陈寅恪，先托王越征求他的意见。陈教授不轻易见客，但知道杜国庠是个学者，便同意了。

“原来杜老此次拜访还另有任务，代达全国政协希望陈老担任常委，陈老考虑片刻后，以身体原因婉拒了。”王思明告诉笔者，当时杜国庠马上解释，并不要求他每会必到，并表示此次请陈寅恪参加政协是周总理提出的。

原来，陈寅恪在欧洲留学时与周恩来结识，后因父亲陈三立的墓地被要求迁移曾致信周恩来，周恩来的批示使墓地得以保留，陈寅恪对其印象良好，最后便答应了任职的事。王越对陈寅恪的学问和风骨一直非常敬仰，陈老逝世后，王越作诗哀悼：

讲学阳台迹已陈，盲翁风骨迈群伦。

如何国士终邻丐，陋室谁怜老病身。

大学者吴宓是陈寅恪一生知交，王越于20世纪30年代初和吴教授在北平时就有过文字之交，1948年重逢羊城，交往融洽。王越劝吴宓留中大任教，当时吴宓因婚姻感情困扰存有出家学佛之念，还让王越陪同他到六榕寺参禅。

后吴宓接受西南师范学院之聘，1963年秋，王越趁出差到四川拜访吴宓，见其生活简陋，境遇不佳，不禁连连叹息。吴老也喟叹，悔当年不听王越的劝告留在中大。在特殊的历史时期，吴宓遭受各种折磨而去世，王越写下《长安吴生行》以志纪念。

王思明兄弟坦言，吴宓的遭遇令王越到老仍觉遗憾，后悔当初没有强力挽留。

“这样的遗憾，还不止一件。父亲106岁接受记者采访，还唏嘘未能助晚年梁实秋圆回乡梦，一直说这件事太可惜了。”王思明说。

王越与梁实秋的交情甚深。1948年冬，梁实秋执教中山大学，与王越家住得很近，经常一起谈论中国诗词。一年后梁实秋到了台湾，后来，他的儿子梁文骐受聘于暨南大学数学系，此时，王越已调任暨南大学副校长。

20世纪80年代中期，梁实秋思故乡，给王越手书了一首杜甫的五律，表达回乡的意愿。王越为此找了有关部门，却因为种种原因未能如愿，没想到一年后梁实秋就逝世了。王越也只能“长吟江汉思归客，万里云山一惘然”了。

行知传人　一颗师心

王越一生中结识多位名师，陶行知、夏仁德、黄节等对其影响至深，陶行知更被他奉为楷模，从理念到行动上，终身追随。

“我父亲出生于广东兴宁，1922年考上东南大学（南京大学前身）时，陶行知是教务长和教育科主任，当时教育科有教育、心理、体育三个系，受陶行知的影响，父亲选择了教育系为主系，这奠定了他投身教育事业的基础。”接受笔者采访时，王思明介绍。

当时，中国积贫积弱，陶行知提出要以教育改善人民生活，在学校中积极倡行教育救国论，对青年学生有极大的吸引力。出生于粤东山区的王越在东南大学如吸水海绵一般，孜孜吸收各种科学知识，同时从所学专业中激发出对贫苦大众的炽热爱心，立志与陶行知一样，投身平民教育。

在世时，每提起陶行知，王越总洋溢崇敬之情："中国几千年来，作为一个教师，他（陶行知）是第一人……千言万语也道不尽陶老先生对我的影响！"

1926年，王越大学毕业后即回到粤东，在梅县师范学校、兴宁兴民中学和潮州金山中学等校任教，为初等学校培养师资，回馈乡村教育。

"援饥援溺心头热，师马师陶道路宽。你看陶行知先生，一个著名教授、留学生，跑到乡村发展教育，跟农民过一样的生活，还挑水挑粪，就为了办晓庄学院。我父亲每次提起都很感动，他是继承了这种遗志。"王思明说。

直到1930年，王越才离开教职，进入燕京大学研究院从事教育心理学的研究，后又进北京大学国学研究所研究中国教育史。

1933年，王越回到广东，自此一直在高校工作，但实践平民教育的念头始终不变，早在新中国成立前，他在广州担任广东民众教育馆馆长期间，就在广州郊区长湴村办农民夜校，与中大师生一起在村里进行文化和进步思想教育，为工农及其子弟提供教育机会。2011年，王越的追悼会上，长湴村的几位老人还专门到场致哀。

王越认为，教师和学生之间，应教学相长，患难与共，教师除了传授知识，还要爱护学生，帮助他们。后来王越告诉儿子，自己在新中国成立前之所以多次冒着生命危险保护进步学生，正是因为这本来是教师的本职。在北京求学时，他的老师夏仁德也曾把几个被国民党追捕的学生藏于家里掩护。

抗战开始后，热血爱国青年与奉行不抵抗主义的反动政府的斗争日趋激烈，当局实行血腥镇压政策，一二九运动之后，仅广州就逮捕了100多名学生。

得知教育系女生霍赐影被捕，王越不顾安危，以教授身份与同乡的警察局长周旋，据理维护学生，全力担保。就这样，经他营救出虎口的学生不下十余人。如今翻开中大同学回忆录，还可看到这方面的记录。

“无论在中大还是暨大，朋友、同事、学生，都将王校长看作良师益友，他的心是师心，很诚恳的。”暨大老教师马兴中是该校原校办主任，曾与王越一起工作多年。他介绍，暨大复办后不久，在磨碟沙征了 300 亩地建立学生实习基地，学生前往基地都要坐船，有次几个暨大学生乘坐的船意外翻了，对此，直到去世前，王越一直都很内疚，认为自己作为副校长负有领导责任，愧对学生和家长。

王越对学生的无私，也在他妻子李超心老师的文章中可窥一二。李超心回忆，抗战最困难时期，国统区经济崩溃，教授的日子也不好过。王越家里常以青菜为羹，以粥为饭，“三月不知肉味”，还要节衣缩食，从微薄工资里挤出一点钱资助生活困难的学生。对被缉捕的学生，王越总是设法掩护，对被捕的学生设法营救。

在王越的家乡兴宁市宁中镇坪塘村，不少村民对王越印象深刻。他们告诉笔者，他虽然回乡次数不多，但对家乡有很深的感情。坪塘村村干部罗绍元还记得，20 世纪 90 年代，王越曾为家乡坪塘小学捐款 10000 元，作为学校的奖教奖学金。王越的邻居王国章对此也印象颇深：“听说这笔钱还是王校长做寿的礼金。”村里铺筑水泥道路时，王越及其子女也曾捐款。

数十年间，常有学生到王越家中看望。教育家、中山大学已故知名校长黄焕秋也是王越早期的优秀学生，他生前每年都会探望王越老师多次。王越去世时，远在美国、加拿大等国家的学生专门发来挽联。

75岁 策马上阵

2006年，暨南大学百年校庆，王越也到了103岁高龄，老先生高兴之余赋诗一首：

莘莘赤子百年潮，万里归来意气豪。

竞向师门探奥妙，满堂才俊集今朝。

“暨大最需要的时候，我不能置身事外”，是王越后半生中最有力的呐喊，55岁重建、75岁复办暨大，也成为其教育家生涯中最为重要的功绩之一。

1949年，暨南大学虽仍力图继续按侨校特点办学，无奈几经战乱，侨生生源锐减，不得不再次停办。当年，暨南大学各院系分别合并于复旦大学、交通大学、南京大学、浙江大学等高等学府，当时仍愿意归国学习的部分侨生被安置于燕京大学。

随后几年，华侨子弟回国就读的愿望再次高涨。

1957年，国家决定在广州重建暨南大学，经上级任命，时任广东省委书记陶铸兼任校长，他选中在中山大学任教务长的王越，将其“挖来”任暨大第一副校长。暨大急需人才，陶铸以“借调”的名义，向中山大学“借”来多位名师，包括曾任中大校长的社会学家陈序经，又从其他地方调来了几位知名学者。

因此，暨大重建之初已有不少著名教授，例如中文系有萧殷，外语系有曾昭科，历史系有朱杰勤，水产系有熊大仁、廖翔华等。

“那时暨大已经停办了将近10年，一穷二白，从零开始，在‘大跃进’的1958年，可以想象困难有多大。”被称为“活校史”的马兴中1961年考入暨大，此后一直在暨大工作，回忆起这段历史，他连连感慨。

尽管困难重重，暨大仍在次年正式开学。马兴中介绍，复办后的暨大，强调“理论和实践相结合”，学校在珠江南岸的磨碟沙开辟实习基地就是这时开始的。当年，王越与学校领导跟师生们一起挖掘明湖，相当艰苦。当时有些侨生因为在国外生活条件优越，劳动时有点娇气，但经过锻炼，连女侨生都有了明显的进步。

“文革”中，暨大再次横遭劫难。1970年，暨南大学又一次“关门分家”，校园被部队院校占用，暨大人各自飘零，许多教师被分到其他学校。“文革”后期，王越改任华南师范学院革委会副主任，主要任务是组织若干教授从事翻译工作，协助高等教育部编写教育大辞典。

转眼8年，1978年春，国家决定恢复暨大。这时，王越已经75岁，又一次临危受命，担任暨大副校长。

“散落各地的暨大教师，大多在‘文革’中受到冲击，不愿意回到几年前受冤屈之地。”王思明说，王越平时与知识分子交好，尊重同事，爱惜人才，人缘很好，劝回同事的重任于是落在老人的身上。为了把教师们请回来，他不顾年老，四处奔走，三顾茅庐，一次次上门动员。

“最后，他感动了很多知名教授来暨大工作。”王越曾经的助手、暨南大学中文系副教授倪列怀介绍，王越生前曾回忆，根据暨大发展的需要，复办后暨大聘请了不少著名学者到暨大，例如经济学院的经济学家蔡馥生，医学院创办者、药理学家罗潜，骨科专家邝公道，寄生虫和传染病专家朱师晦，文学院的历史学家陈乐素等，一时间暨大人才济济。

“这恐怕与他的人格魅力分不开。在我印象里，他完全没有官架子，而是一个博学睿智的学者、长者形象。”倪列怀记得，自己第一次参加学术会议也是因为王越的推荐。

当时，倪列怀刚从暨大中文系毕业，被学校分配给王越当助手，实际上相当于他的学生。王越对古代文学有广博、扎实的学养，每次向他请教问题，他都能旁征博引，在他的指导下，倪列怀写了第一篇学术论文，发表于《岭南文史》杂志。

暨大退休协会会长梁志成教授对王越关心、培养青年教师的往事印象深刻。梁志成调入“文革”后复办的暨大时，是生物系的青年教师，让他深受感动的是，王越主动为他联系上海华东师范大学的教授，推荐他进入该校进修。后来他又转到复旦大学继续进修，从事遗传育种与性别控制的研究。学成回到暨大后，梁志成一直继续从事这一领域的教学和研究，成为国内著名的遗传与优生专家，赴上海进修对他事业发展起了关键性的作用。

教人求真　胸怀博大

教育家是那些堪称“学为人师，行为世范”的教育者，他们既有自己的教育思想体系，更是教育领域行动上的巨人，他们不仅代表着时代的学识水准，更彰显、传播时代的精神，育人之外，更重要的是育心。王越就是这样一位岭南教育大家。

暨大文学院历史系中国近现代史专业博士生导师、长期研究暨大校史的夏泉博士，王越生前助手、学生、暨南大学中文系副教授倪列怀，王越之子王思明、王思华两位教授，曾经围绕王越的教育思想和实践，跟笔者分别细谈良久。

作为当代中国尤其是岭南地区知名的教育家，王越在教育理论和中国教育史研究方面著述甚丰，其中哪些作品最为重要？他的研究和实践体现出怎样的教育思想和办学主张？

在王思明看来，1949 年到 20 世纪 80 年代末，王越一直担任各种行政职务，事务繁忙，但他一直保持着求学时的习惯，没有停止思考和科研，对教育问题进行了多方面的探索，这些论文联系实际，针砭时弊，阐述了他的教育思想，揭示了教育的本质。

晚年时，王越曾对儿子们说，自己因为各种政治运动耽误研究，是人生遗憾之一。他早期的教育理论代表作是《人格测量》，完成于 1931 年，是时，他在燕京大学研究院从事教育心理学研究。书中他提出，要了解学生的个性，首先要对他们的特点，尤其是人格进行研究。一个人的情绪、智慧、个性，都会影响到他的人格，决定他的命运。

《人格测量》后来交给上海商务印书馆出版的《教育杂志》，可惜只发表了一章，就在淞沪抗战的炮火中被毁于一旦。即便如此，这一章仍然引起教育界的关注，也正是因为这篇文章，时任中山大学教育系主任的胡毅慧眼识才，向王越发出了到中大任教的邀请。

倪列怀则对《教学原理》印象最深。1940 年，在不断辗转各地教书的过程中，王越撰写了《教学原理》一书，作为大学用书正式出版。他根据多年教学实践的体会，从教育心理出发，对教学的基本原理加以论证和阐述。这本书的主要观点是将人看作一个具有兴奋性和保持性的能力系统，因而能够起到助长和抑制作用；同时人又是具有个性的系统，这个系统不断地改组本身，从而与环境构成更大的系统。而学习的过程寓于改组环境的过程中。倘若机体与环境的关系达到紧张状态，不足以解除紧张状态时，人们就趋向于学习。从此分析出发，他认为引起学习动机，满足学习者的正当需要，是教学方面必须重视的一条基本原理。

这本书是他中年时期教育理论研究的力作。1949 年后，王越与友人合作编写《中国古代教育史》和《中国近代教育史》，发表了《论私人讲学之风不始自孔子》《墨翟新考》《南宋反道学》等 30 多篇教育论文，并担任《中国大百科全书》之《教育》分册的编委，书中一些难写的条目，都由他亲自执笔，长达 8000 字的条目《墨子》，便是他有创见的研究成果。

王越国学基础深厚，精于中国教育史，深入研究古代诸子百家的教育思想。如孔子、墨子、韩愈、朱熹、颜元等，都有论文分析，观点独到，体现出极深的学养。

20 世纪 80 年代，80 多岁的王越用英文撰写了论中国古代文化的论文《哲学上的自由争鸣时代》（与周德昌合作），结集出版，其中对于墨子的论述引起了外国学者的极大兴趣，不少外国学者来信和他探讨。他还曾长期任全国教育学会第一届副会长、全国教育史学会副理事长，对教育学和教育史学研究的发展起了推动作用。

作为中山大学教务长和两次复办暨南大学的“操盘手”，王越对两所综合性大学影响至深。

教育家并非教育学家。2010 年，温家宝同志跟网友交流教育问题时说：“我这里所说的教育家，他们可能不是某些专业的专门家，但是他们第一热爱教育，第二懂得教育，第三要站在教育的第一线，不是一时而是终身。”这一描述和王越的经历非常契合。

夏泉也十分赞同笔者这一观点，他说，纵观王越老校长的一生，他最主要的底层逻辑和动力是热爱教育。他一直践行着陶行知“捧着一颗心来，不带一根草去”的理念；他也懂教育，终其一生，在教育领域硕果累累，得到学术界、学校教师和学生的高度认可；他一辈子扑进办学实践中，一直固守象牙塔，在广东两所著名的综合性大学发展史上影响至深。可以说，他的教育思想不仅蕴藏在专著中，更体现在数十载的教育实践中。

广州解放后，王越参与中山大学的接管工作，1952 年，全国高校进行院系调整，他后来担任中大教务长。在这一过程中，王越因应时势调整原有学制、专业、课程、教学方法及规章制度，使之符合时代要求，深受广大师生的爱戴。

重建、复办暨大，他更是为新中国华侨高等教育的恢复与发展做出不可磨灭的贡献。时任暨南大学校长胡军教授曾经这样评价老校长："暨南大学真正的稳定发展，是从广州开始的，王越作为当时的第一副校长，贡献很大。他为暨大引进人才，倡导理论联系实际的教学模式，而且最重要的，是营造了自由的学术风气。他对教育的爱，让我们这一代自叹不如。"

王越提倡的很多教学理念，现在看来仍然非常正确。比如说，他提倡学习要联系实际，培养创新精神，所以暨大重建初期，他就和水产系的熊大仁、廖翔华等名教授商定建立实习基地，组织学生定期前往实习。4 年之后，有些毕业生被分配到天津的某个水产部门，开始这个部门的领导态度很勉强，生怕侨生娇生惯养。但一年后，他们非常满意，称赞暨大学生理论扎实，动手能力强，主动提前要求暨大派遣毕业生前往工作。

系统总结王越的教育思想和实践，挖掘其教育思想的理论价值及现实启示，仍富有现实意义。王越当年提出的"教学相长""学习和实践相结合，理论联系实际""要有创新精神""高校应以教学活动为主""提倡自由学风"等理念，一直到现在都并未过时。

很多与王越共事过的教授评价他主政暨大时期，为大学营造了自由的学术风气，这在当时可谓难得。

王越儿子王思明（左）、王思华（右）。林旭娜　摄

夏泉认为，尊重知识，尊重人才，培植自由的学术风气，是王越治学、治校的一贯追求，和他一起工作过的学者、同事在这方面有很多回忆和评述，他自己的文章中，也多有体现。

在《评韩愈的〈师说〉》这篇文章中，王越认为“圣人无常师”，人不分贵贱、老少，只要有专长者就可以为人师；又指出“弟子不必不如师，师不必贤于弟子”的观念颇有创见，这种说法与尊师重教并不矛盾。“因为谁掌握真理，谁在学术上、业务上有专长，谁就可以为师而得到尊敬。”这是他尊重知识、尊重人才的依据。

王思华认为，父亲尊重知识分子是发自内心的，“文革”后暨大复办时，王越还住在华师，每天拄把雨伞上班，同事说他是“晴天一身汗，雨天半身湿”。

据暨南大学原党委书记张德昌回忆，当时暨大面临的一个棘手问题是一些骨干教师不愿意回来，而这些教师大都有真才实学，是办好暨大的重要力量。对这批知识分子，王越能亲自登门拜访的就亲自上门，路远的便亲自写信致意恳请，最后他们基本上都回来了。

张德昌说，有一天中山大学中文系主任吴宏聪告诉他：王越曾到他家，天气很热，满头大汗，坐下半天讲不出话来。后来才弄清楚，是中大中文系两位原暨大教师不肯回来，求他不要留难，并帮助动员劝导。

除了师资建设，王思明相信父亲在担任暨南大学副校长期间，对培植学校的学术自由是非常投入的。他曾在文章中回忆过一件往事，暨大外国语言文学系的专家赫迪教授（Prof. Alec Hardie）指导该系的一位四年级学生研究英国的某个文学家。论文（英文）写成后，赫迪评了“A”，送系里后系主任认为达不到“A”的标准，直接将其改评为“B”。赫迪教授听说这件事后非常生气，直接向王越提出辞职，王越很好地处理了这件事。

当时，王越连忙了解了情况，认为学术论文应尊重导师的意见，系主任做法欠妥，主动找系主任做工作，给学生恢复分数，赫迪教授才消了气。后来赫迪因年纪大了回到国外生活，仍与王越书信往来。那位系主任也一直很敬佩王越，此后多年两人都互相往来探望。

还有不少这样的例子。王思明讲过一件事，当时历史系的交通史专家朱杰勤给学生讲授中西交通史，系里总支书记去随堂听课，觉得有些地方不够“正确”，便召集学生表达自己的不同意见。朱教授知道了，很不高兴，找到王越诉苦。

王越认为是总支书记的方式欠妥，交代他教学方面的问题最好先和任教者坦诚讨论加深了解。再则，有些历史问题应容许有不同的解答。例如有些学者基本上肯定太平天国的伟绩，有些学者却着重批判太平天国所犯的错误。我们不应判定第二种主张就是反对农民革命。此后，历史系的同仁慢慢加深对彼此的了解，关系好转。朱教授发挥所长，指导博士研究生，培养了好些人才。

王越晚年仍非常关注现实，90 多岁还学习用电脑，过了百岁之后仍关注基因和机器人等技术。他时刻关注教育改革，提倡发展科学技术。他反对教育产业化、市场化，不同意通过发展公办教育赚钱，著文批判视教育为消费项目或福利事业的错误观点，阐述教育的巨大作用和两者的辩证关系。针对教师逆向流失，弃教从政或下海从商，他撰文提出要尊重人才，尊重知识。

当他通过媒体了解到一些大学师生抄袭作假、高考录取作弊等新闻，难抑担忧：教育界、学术界存在作伪现象，在学风败坏的学校中培养出来的青年，让他们“一行作吏”，就有可能欺上瞒下，贪污腐化；让他们从商，就可能不顾诚信，唯利是图；让他们从事工业、农业，就可能伪造成绩，以少报多，“这种危害性不可低估”。

对一些历史人物，他也有独到的见解，他写过《张志新赞》，其一：是谁砥柱遏中流，沧海洪涛漫九州。儿女英雄辽海上，刚肠碧血写春秋。其二：志新高义薄云天，断首淋淋向九泉。虎豹当关人性灭，十年浩劫史无前。

可以说，王越一生做到了求真重情，批判虚伪浮夸。对于陶行知“千教万教，教人求真；千学万学，学做真人”的教育观点，王越深为赞同，并终身践行这一理念。他还专门诠释，所谓真人，就是言行相符、追求真理、为真理而献身的人。

陶行知说，第一流的教授具有两种要素：一有真知灼见，二肯说真话，敢驳假话，不说谎话。王越特别加注：“这些箴言可为教育工作者的座右铭。对于时下学术界某些弄虚作假之歪风，具有深刻的针砭意义。”夏泉评价，可见他作为教育家，自己在人格上是求真的，这也是他教学的理念和追求。

暨南大学重建初期，适逢“大跃进”，到处狂刮浮夸之风，宣传“人有多大胆，地有多大产”，大搞密植，虚报产量。对此，王越写道：“我研究中国教育史，发现明末爱国人士朱舜水（之瑜）避居日本，传授经世致用之学，由于他在青少年时期从事工农生产，上升为学者，因此他对工艺及农艺均有专长。日本官吏曾以密植问题，求教于舜水，舜水就植物生长规律，深切指出密植之危害，使日本避免了农业上的损失。我深佩舜水先生的志节及其博学多能，特撰长文，发表于暨南大学之学报，并由其他出版社予以转载。可见求真求实之风，毕竟是人们所向往的。”

对于当时教育工作的种种弊端，王越以一位教育家的前瞻眼光和科学精神，强调学校“必须切实加强对教学工作的领导，整个学校工作必须以教学为中心”，王越还要求学校稳定教学秩序，培育浓郁学风。

1981年，我国摆脱“左”的思想束缚之初，王越就在《教育研究》杂志上发表文章《关于教育是生产力的探索》，阐述他对教育本质的独到见解。

据了解，王老对于“伪君子”的痛恨也是个性鲜明的，这从另一角度折射出他求真务实的风骨。在《对北宋道（理）学家程颐的剖析》《程朱距墨而颜元宥墨》《南宋反道学》等文中，他旁征博引、引经据典对道貌岸然、表里不一的程颐、朱熹进行缜密、凌厉的剖析，并对他们予以痛斥，揭露了程颐欺世盗名和朱熹见利忘义、寡廉鲜耻，“私故人之财而纳其尼女”的伪君子本质。

令人敬仰的是，王老深恶“伪君子”行径，以君子之道安身处世，他与人交往从不涉及是非和无聊之事。

“文革”时，王越有多位“右派”朋友，都一视同仁，友好往来。当代语言学家、暨大教授詹伯慧 80 岁接受采访时提到一件事，说到他父亲、岭南词宗詹安泰 1957 年被打为“右派”时，有人提出要遣送其回乡，王越对他知根知底，就向领导提出，詹安泰是中大中文系第一把好手，走了无人替代，可以降他工资，但人一定要留住。

对于于己有恩的人，王越一辈子不忘记。“文革”期间，王越年事已高，有一阵子，他被赶到三水南边干校改造，每天都要喂猪、挑饲料、清猪舍，曾因体力不支晕倒在猪圈里。同样下放劳动的赵元浩老师刚好发现，把他背起就走，有人提出，“牛鬼蛇神”不用救了，赵老师没理睬，一直背到医护室。看管人员又说，下放人员不用花那么大力气救了，但罗丽安医生坚持全力抢救。还有一次，王越和其他老师被关在学校“牛棚”里，因为身体、精神遭受双重打击，又晕倒了，赵元浩和倪葆龄两位老师及时发现并救了他。所以直到去世，王越一直将这三位视为生死患难之交的救命恩人，每年过年都要儿子陪着上门拜访，直到行动不便，仍然叮嘱后辈替他常上门看望恩人。这也是王思明兄弟接受采访时向笔者透露的“独家”细节。

梁家勉

上篇

梁家勉

毕生君子　躬耕农史

他出身书香名门，自幼接受良好的国学教育。在风云变幻的特殊时代，父亲突然病故，他只好在大学三年级时主动肄业，一生安贫乐道。他的血脉里，传统知识分子的修养和与时俱进的品格兼而有之，即使在最艰难的岁月，仍始终恪守君子之道，唯情是重，而对于农史学研究，则历久弥坚，终生不渝。

人物名片

20 多岁时的梁家勉。华南农业大学中国农业历史遗产研究室供图

梁家勉（1908—1992），农史学家，中国农史学科的开拓者和奠基人之一，图书馆管理专家。广州市石井镇人。1955 年梁家勉创立农业历史文献特藏室，从事古农书和相关文献的访购、整理和珍藏工作。1978 年创立华南农学院农业历史遗产研究室并任主任，创办由农业出版社发行的《农史研究》学术期刊。1980 年成为全国第一位农史专业硕士生导师。1989 年主编《中国农业科学技术史稿》，是迄今最全面、最系统的中国农业科技通史。

1992年3月12日20时，梁家勉走出书房，落座于藤椅上小憩，片刻工夫后，竟悄然离世，平静安详，情状“如得道高僧之坐化”。

这一年，梁家勉84岁，在亲友、学生眼中，他似乎选择了最契合自己个性和涵养的方式，告别有些洁癖、从未做过亏心事的一生。

他出身于书香世家，母亲是清朝礼部尚书、闽浙总督许应骙的外孙女，祖母是光绪朝进士、京师大学堂前身西学堂的筹办人周汝钧的妹妹，伯父梁炳星是与梁启超同榜光绪己丑科举举人和甲午会试进士副榜第一名，因此，他自幼接受了良好的国学教育。

20世纪20至30年代，中国风云变幻的特殊历史环境，造就了一批学贯中西的知识分子，他们既有深厚的传统国学修养，又接受了西学东渐的成果，更重要的是，他们的血脉里，传统知识分子的修养和与时俱进的品格兼而有之。梁家勉即是其中的代表，即使是在最艰难的岁月，他始终恪守君子之道，唯情是重，而对于农史学研究，则历久弥坚，终生不渝。

纵观梁家勉的一生，清苦不离左右。

在其人生前41年的“旧社会”岁月里，国运家道的曲折磨难接踵而至，因为父亲突然病故，梁家勉在中山大学读至大三时只好主动肄业，一肩挑起拥有17个兄弟姐妹的大家庭。

接着，日本侵华，广州沦陷，他又拖家带口，颠沛流离，为谋生当过农业推广员、小学教师、中学教师和农业职业学校教师。即使这样，他也未曾停止过农史研究，一直到中华人民共和国成立前，在艰难岁月中仍有《〈诗经〉之生物学发凡》《〈中国农植物史证〉叙例》《烟草史证》《〈中国古农解题〉志趣》等佳作面世。

后半生中，梁家勉继续研究农史，潜心收集古农书，组建农业历史遗产研究室，成为中国农史学科的主要创始人和奠基人之一。这一过程中，他扶掖后学，谦让名利，安贫乐道。

治农史成“文革”后第一人

1988 年 5 月，全国农史学界精英齐聚广州，共同为梁家勉庆祝 80 岁大寿，70 岁的原农业部常务副部长刘瑞龙特意做了一场报告，题目是《学习梁家勉同志的治学精神》，中国农业博物馆则专门请来曾为毛泽东画过肖像的画家为梁家勉绘制巨幅肖像。

作为中国农业历史学界的开创者之一和中国农业学会的发起人和领导者，早在“文革”前，农史界已公认梁家勉对学科的贡献，南梁（家勉）、东万（国鼎）、西石（声汉）、北王（毓瑚）并称为“四大家”。

“万国鼎和石声汉先生已分别于‘文革’前和‘文革’中去世，王毓瑚先生身体一直不太好，1980 年也去世了。”梁家勉的继任者、华南农业大学原农史室主任周肇基教授接受笔者采访时介绍，在这种情况下，梁家勉成为“文革”后农史界的第一人。

这一论断从另一桩农史界大事中也反映出来。决定编撰《中国农业科学技术史稿》时，农业部下达的主持单位是当时实力最强的南京农业大学农业遗产研究室，主编却专门指定为华南农学院（1984 年改名为华南农业大学）的梁家勉。

“梁老被选为主编是众望所归，但当时有人觉得不太服气，也搞出一些动静……编撰期间，农业部资格很老的两个副部长刘瑞龙、王发武甚至多番亲自出面协调。”《中国农业科学技

梁家勉亲手搜集整理的书籍还保留原样，扉页夹着防虫纸，书外夹着樟木板，书里有他手书的书卡。林旭娜 摄

术史稿》统稿人之一、长期在梁家勉身边工作的华南农业大学研究员彭世奖回忆，很多学者都为梁家勉义愤填膺，但梁家勉始终不忿不怨，心平气和。众人无不对他发出“学问那么高，脾气那么好，肚量那么大”的赞叹。

这部堪称中国第一部农业科技史的巨著，参与编写的专家有40多人，分布在多个单位，且水平和风格各异，前后历经8年，统稿时大家才发现，很多文章体例不一，部分观点和材料也比较陈旧，需要修改的地方很多。

同样参加统稿的中国农业历史学会原副会长李根蟠记得，当时大量材料需要核实，相当部分需要大幅度修改，有的需要重写，工作量很大。梁家勉让大家充分发表意见，在认真讨论的基础上分工负责修改，修改后再反复讨论，还拿出自己尚未发表的手稿供大家参考。

“修改后的稿子将近100万字，最后都由梁老审核通过，这对一个近八旬的老人来说，无异是一个沉重的负担。”李根蟠在一篇纪念文章中说。但作为主编，梁家勉以最高水准交出了成果，兑现了他在编撰前郑重表示过的，要写“上对得起历代劳动人民，下对得起子孙万代的总结性创造性文献”的承诺。

在农史学“四老”中，梁家勉的学历和职称是比较低的。周肇基介绍，1979 年梁家勉才被评为研究员，加上他几十年里极大的精力都投注在图书馆事务上，又没有留过洋，治农史取得这么大的成就完全来自他自己的不懈努力。

1926 年，刚刚 18 岁的梁家勉考入广东省立第一中学（即后来的广雅中学），在那里，他初识梁漱溟、黄庆、徐名鸿、罗干青、丁景堪、刘湛泉等名师，打下了坚实的文史哲学科基础。梁漱溟的乡村教育思想给他留下了深刻印象，著名农学家丁颖发表在中山大学《农声》杂志上的论文，开始引发他对农史的关注。

三年之后，梁家勉考入中山大学农学院农学系，主修园艺，兼修农艺，选修了丁颖的两门课程。

“当时，从日本留学回来的丁颖院长十分重视发掘、整理和研究中国农业历史文化典籍，在教学中广泛介绍中国古代农法的精华，并在学术期刊上发表系列文章。”周肇基说，梁家勉深受感染，开始立志做一个农业科学家。

在三年的大学生涯中，在丁颖、侯过、陈焕镛等学界宗师的支持和指导下，梁家勉连续在《农声》《农林新报》发表了《孟子之农业政策观》《中国荔枝繁殖法考略》《关于以农立国问题的商榷》等多篇论文，颇得教授们赞赏。

读大三时因父亲病故肄业后，梁家勉一直生活艰难，1941 年，颠沛流离的他应丁颖的邀请回母校图书馆工作，自此毕生耕耘农史园地。“史坛无限抛荒地，还待挥锄协力耘”，是梁家勉耄耋之年写下的佳句，足见其对农史学倾注之深。

学术上宽厚 生活上淡泊

“诗中天地殊空阔，何苦蝇营利与名”，是梁家勉《赤子集》中《偶成》的尾联，颇能道出其为人淡泊名利的底色。

在学术上，能体现梁家勉宽厚君子情怀的事例很多，其中给人留下最深印象的是他和北京大学图书馆系主任王重民教授关于徐光启研究的交往过程。

梁家勉对明代科学家徐光启一直颇为敬重，早在新中国成立前即产生了编纂《徐光启集》的念头，并逐步搜集徐光启生平有关资料，已被列入出版社的出版计划，并拟定了“要旨和凡例”，还请竺可桢、陈垣审阅指正。

巧合的是，王重民教授也在进行类似的研究，王重民教授获知情况后，写信给梁家勉，希望两人可以合作。考虑到京穗两地相距遥远，商讨不便，也为了避免重复，梁家勉主动放弃了自己的计划，并将自己搜集多年的相关文献资料寄送给王重民教授。两位先生此后信件切磋不断。

王重民在书稿完成时提出两个人一起署名，但梁家勉婉言谢绝。为此，王重民教授特意在书前的《凡例》中特别致谢。

这样的例子极多。梁家勉对中国梯田历史有深入研究，但其缘起却是为呼应农业教育家、生物学家和农史学家辛树帜倡行的水土保持历史研究。一开始，辛树帜请梁家勉代查资料，梁家勉披检了大量典籍，甚至写成专文寄给他，有力地支持了辛树帜的研究。

生活中，梁家勉毕生耿直、忠厚。

“梁漱溟是梁家勉的业师，在极‘左’思潮占上风的日子里，

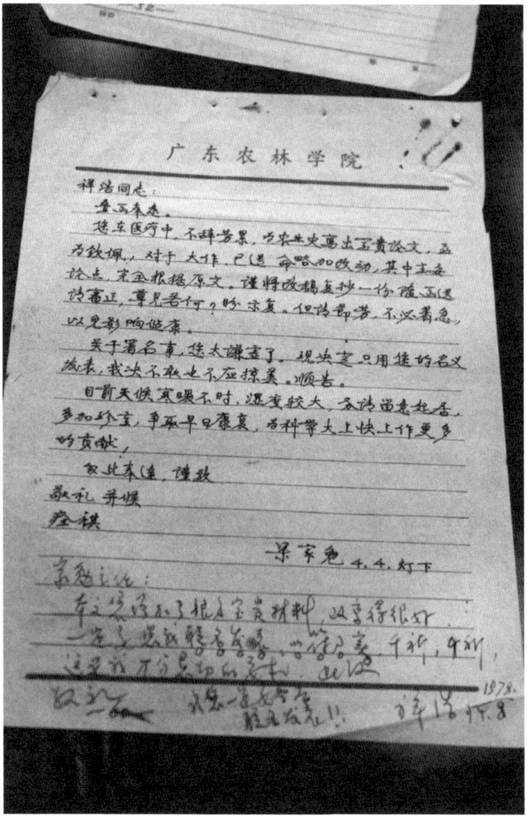

广东农林学院

祥浩同志：

叠函奉悉。

您在医疗中，不辞劳累，为农业史写出宝贵论文，至为钦佩。对于大作，已遵命略加改动，其中主要论点，完全根据原文。谨将改稿复抄一份随函送请审正，尊见若何？盼示复。但请节劳，不必着急，以免影响健康。

关于署名事，您太谦虚了。现决定只用您的名义发表，我决不敢也不应掠美。顺告。

目前天候寒暖不时，温度较大，务请留意起居，多加珍重，争取早日康复，为科学大上快上作更多的贡献！

匆此奉复，谨致

敬礼并候

痊祺

梁家勉 4.4. 灯下

家勉主任：

[illegible]

1978.

祥浩 4.8

梁家勉教授给植物学家、华南农业大学徐祥浩教授的回信。
林旭娜 摄

敢于讲真话的梁漱溟屡遭批判，一时间门庭冷落，人人避而远之。然而梁家勉先生趁一次到北京开会的机会，专门抽出时间，不顾人生地疏，又不知道具体地址，边走边问。寻找很久，年过古稀的他才找到老师的家门。” 周肇基介绍。

同辈农史学者胡道静在“文革”极“左”思潮盛行时，被关在“牛棚”里劳动，梁家勉到上海出差时，专门要求与之见面，当面黄肌瘦、精神压力巨大的胡道静出现时，他紧紧握住对方的手。

周肇基还记得，早年有一次他到梁家拜访，看到一个六七岁的小女孩，以为是梁家勉的孙女，问后才知原来是研究生的孩子，父亲到外地求学去了，母亲也出差，年届八旬的梁老不顾年老体弱，为了学生能安心求学，把孩子接到家中照顾。

彭世奖则记得，在那个时代工资多年不涨，和同辈教授相比工资明显偏低并且家庭负担沉重的梁家勉，在学校专门多拨一个涨工资名额给图书馆的时候，他淡然地把名额让给了别人。

不计得失的梁家勉爱请客的印象，也留在多位同辈或后辈学人记忆里。李根蟠每次到华农，都被邀请至梁家吃饭。

“当时不像现在，有招待费或课题费可以报销，请客要自掏腰包，梁老的工资并不高。农史界的人到华农，梁老都要请吃饭，大家都说，哎，请吃饭就把梁老吃穷了。”

江西省社科院原副院长、中国农史学会原副会长陈文华说，40多岁时自己还是个无名小卒，甚至什么职称都没有，但每到广州，梁老总要请他吃饭，让他受宠若惊。

创中国古代农业文献特藏室

惜钱复惜书，心下两踌躇。
钱本父兄汗，书痴合笑余。
探囊将值给，乍忆家无馀。
姑节衣和食，买之又何如。

23岁时，爱读书、爱买书的梁家勉写下这首《买书》，那时候，他必不可能想到，有一天买书、管书会成为自己一辈子殊为重要的事业。

“1941年，梁先生受聘到中大农学院，除教学外主管该院的图书工作，自此开始他所谓‘四书堂’的生活，即读书、管书、教书、写书，由于他在过去的研究中深感搜集、保藏和整理古农书的重要意义，所以主管图书馆后，便决心搞一个中国农业文献专藏。”彭世奖回忆。

1955年，梁家勉实现了在图书馆创建中国古代农业文献特藏室的夙愿。是时，中国正进行轰轰烈烈的社会主义改造，很多人卖掉家中古旧书，各大城市都有多间古旧书店营业，且都编有《古旧书目》，这对梁家勉而言，是购书的好机会。

“当时广州的上下九路、文德路、北京路都有这样的书店，一些私人藏书楼，如广州南州书楼也出售藏书。”彭世奖记得，当时梁家勉不断写报告、拟计划、申请经费，亲自给全国各地的书商、古旧书店发函，要求邮寄书目，亲自选购。

彭世奖说，当时梁老常常带着助手穿梭于书店，直至“文革”开始，古旧书店倒闭为止。

他身边的许多同事都知道，每次到外地出差，梁家勉从不观光，不管时间多紧，也要挤出时间到古旧书店、书摊找书。为了能搜集到有价值的古农书，在出差前，他总事先请熟悉古旧书行业的人士写介绍信，这样就能真正进入藏有好货的内部书库。

梁家勉还常检索各地主要图书馆的藏书目录，凡是这边没有的古农书或农业历史文献资料，马上写信或派人前往商谈复印，还常委托农史界的老专家代为复制特藏室独缺的古籍。

古籍买回来，梁家勉都要亲自动手进行装订裱补，修缺补漏，消毒防虫和编目上架。“积累到一定量后，还要请广州一位专写宋版字的卢先生书写书根，后来听说这位先生要到香港去，他还设法留他。”彭世奖记忆犹新。

特藏室藏书中许多书目卡片都由梁家勉手书，周肇基感慨地说："每当利用馆藏古籍做研究，面对梁老几十年前装裱成册、扉页衬有防虫纸、书外配有樟木板的书籍，我崇敬爱戴之情便油然而生。"

"文革"时，特藏室里的珍贵书籍面临威胁，为了保护特藏室，梁家勉和大家商议，以造反派的名义主动将特藏室定为"四旧书库"贴上封条，虽然大家都无法看书了，但很好地保存了这批古书。

随着大量古籍充实进来和藏书的丰富，特藏室也发表了一篇篇有影响力的论文。1978 年，华南农学院农业历史遗产研究室成立，1980 年，该研究室成为当时学校 8 个部批重点研究室之一。此时，特藏室的藏书已由最初仅有的 7 部古籍发展到 6 万余册。其中有明代正统、弘治、正德年间的精刻本，距今已五六百年，而且有些是罕本，还有一些是日本、朝鲜等国的古籍珍本。

为了保存好这批珍贵的古籍，农学家、时任农业部部长何康特批 25 万元，在华农建造了中国第一座农史楼，多年来成为农史研究者向往之地，还吸引了国外大批研究者前往。

梁家勉对书的专注和投入，还有很多细节令人记忆深刻。熟知梁家勉的人都知道他有一定程度的洁癖，每到北方出差，他都要从家里带一个水桶用来洗浴，带一瓶酒精消毒餐具和生活用品。

有一次，梁家勉的助手林枫林陪他到北京开会，繁忙的工作间隙，他们前往探望几位师友。这次拜访的大部分都是有名望的人士，临行前研究室同事建议他别带着酒精出门，但向来纯真坦然、以诚待人的梁家勉仍然我行我素，在进餐前先拿出酒精瓶进行消毒。

就是这样的梁家勉，有一次发现有些图书生虫子了，非常着急，立刻叫人买来一包“六六粉”，将之涂在生虫的书上。过后有同事提出，这样容易中毒，他又率领彭世奖等人把图书搬出，戴上口罩，边曝晒边扑打。同事觉得这样的工作太难为向来讲卫生的他了，劝他停下，他却坚持做到最后。

作为农史学家和图书管理专家，梁家勉为后学留下的是丰富的藏书、精湛的研究成果和令人欣赏的学人风骨。他一生中撰写农史、图书馆学等方面论文 130 多篇，出版著作（含合作）14 部。

同时，他还是一位工巧辞章的诗人，在半个世纪中写下大量诗作。

到 2023 年，梁家勉逝世已整整 30 年，难得的是，中国农史学界众多学者，即使现今已著作等身、白发苍苍，依然对他充满感恩、激赏。他的学术成果、治学风格、个性魅力，为中国农史学科留下了什么?

几年前，笔者曾为此访问了华南农业大学农史室第二代领军人周肇基、彭世奖和时任主任倪根金，为读者解读梁家勉的学术密码。

周肇基认为梁家勉作为农史学界的开拓者，尤其是在“文革”后，为农史学科做了几件可圈可点的大事：第一是创设研究机构，建立了华南农学院农史研究室；第二是对人才培养制度做出了建设性贡献，推动、确立了农史学研究生培养制度，培养了中国第一批农史研究生，梁老的第一个研究生黄世瑞后来是华南师范大学的博导；第三是学术期刊的创办，“文革”后第一份农史刊物《农史研究》是他办起来的，许多学者是在这本刊物上开始发表论文；第四，他倡议成立了广东农史研究会；还有，召开了中国农史界第一次国际学术会议——《南方草木状》国际学术讨论会。

梁家勉与研究生黄世瑞在蚕房。华南农业大学中国农业历史遗产研究室供图

这几个方面是衡量一个现代学科是否真正形成的标准，由此可见他对农史学科的建设贡献之大。

梁家勉关于《齐民要术》《农政全书》和《南方草木状》等的研究，受到竺可桢、丁颖、李约瑟等国内外著名学者的高度评价。可以说，他无愧于农史泰斗这一称号。

倪根金指出，以梁家勉主持编写的《中国农业科学技术史稿》为例，这部被誉为农史研究里程碑式的著作，代表了中国20世纪80年代农史研究的新水平，是中国农史研究的一座丰碑，获得了农业部科技进步一等奖、国家科技进步三等奖等多个奖项，国际科学史研究院通讯院士胡道静教授称其为“巨型专业史”，“填补了我国科学技术史的空缺”。《中国农业科学技术史稿》至今仍然影响深远，它是学术界广泛引用、参考的一部重要著作，国际上多所著名大学都将其列为研究生学习参考书，如美国加利福尼亚大学中国研究中心主任黄宗智教授就把其定为经济学博士必读书。

此外，梁家勉的主要科学成就中有一项是建立中国古代农业文献特藏室，搜集、抢救、保存农业历史文献，这批古籍无异于一座宝库，曾经造福了无数农史学者，现在仍在发挥着巨大作用。

周肇基不讳言地说，梁家勉 20 世纪 70 年代末到 80 年代的努力，使得广东农史学界从比较薄弱跃升到全国领先的学术水平。 1954 年，农业部召开了整理祖国农业遗产的座谈会，会后，南京农业大学和西北农学院相继成立农事研究机构，建立了农史研究队伍。这个时候，在岭南的梁家勉还处于孤军奋战的状态。

但很快，他响应要求，在华农图书馆设立了中国农业历史文献特藏室，开始有计划地搜集、研究中国农业历史文献，也有了最初的研究队伍，等改革开放的东风一吹，农史研究室就成立起来了。所以 20 世纪 80 年代，华农的农史研究非常活跃，与南京农业大学和西北农学院的农史研究比肩，这不是偶然的。

梁家勉如何超越传统的研究方法？关键点在解决过去、现在跟将来的连续性。

倪根金介绍，中国农史学科肇始于农业历史文献的整理与研究。科学史原本多由科学家在研究本学科过程中兼做论述。如在为《中国近现代科学技术史》写的序言中，中国科学院院士、国际科学史研究院院士席泽宗说：研究中国科学史的老一辈科学家多从科学开始，他们本来有一定的国学基础，在他们学习了近代科学以后，发现有些东西在古代的文献中，能找到类似的或原始的形式，于是他们就用考证的方法，以编年史的形式，寻找中国古代的科学发展和发明……对于科学史这门学科的发展起到促进的作用，但也有他的局限性。他们对于先人的发现、发明的社会背景以及与其他文化分支的关系，所做的分析很少。

农学史的情况也十分类似，但梁家勉幼温国学，长于文献学、目录学、版本学，这使他研究古代农史文献得心应手。例如，《逐步丰富的祖国农业学术遗产》一文如数家珍地叙述了中国古代农业文献从萌芽到体例成熟，再到全面繁荣的历程，涉及的文献有综合性农书和专业性植物志、园艺、荒政、治虫、畜牧、兽医等，另有鸦片战争后传入中国的西方近代农业专著。这是我国一篇对农史文献进行全景式论述的早期之作。

现代大学的农学教育，又成为梁家勉开展生物及植物学历史研究的条件和基础。例如，他对植物史，特别是一些有特色的农植物的早期栽培、引用，以及植物生理等方面做了较为深入的研究。其《烟草史证》是 20 世纪中国学术界最早探讨烟草史事的学术论文，比 1959 年吴晗发表《谈烟草》一文早了 11 年，且内容更为丰富、考证更加严谨。

在《中国古代对固氮植物的认识和利用》中，梁家勉系统研究了中国古代对豆科植物、杨梅、红萍等植物固氮作用的认识和利用。

对此，中科院院士曹天钦评价："光合作用和固氮作用在国外还是新的学科，梁家勉用于对古代植物的研究，做了很好的榜样，他找到一个金矿，不但是一个科学技术史的金矿，还是一个当代研究固氮作用的金矿。不管是趋向分子水平或细胞水平或者整体水平研究固氮的人，都应很好地学习一下梁老的文章。梁老很好地解决了过去、现在跟将来的连续性。"国学根基和现代系统教育，让梁家勉避免了科学家写技术史的惯常局限。

潜心搜藏古书籍是梁家勉学术生涯的一大功绩，彭世奖长期跟随他在图书馆工作，对此最有发言权。他回忆，早在1947年，梁家勉就写了一篇《中国农业文献专藏简则·序端》，文中引用了宋人郑樵的话："有专门之书则有专门之学，有专门之学则有世守之能，人守其学，学守其书，书守其类。人有存没而学不息，世有变故而书不亡。"并说明他计划设立"中国农业文献专藏"的目的是希望"世守人守学，学守书，书守类……藉是而溯流寻源，继往开来。以为交流世界文化，增进人类福利之助"。他对此可谓不遗余力，而且确实成就斐然。

在他搜藏到的古籍中，珍本很多。如通过国内外友人和港澳同胞帮助而得到的珍贵古籍就有朱权著《臞仙神隐书》明抄本，被著名学者、藏书家郑振铎称为"十年求之不得"的《农政全书》平露堂本，屠本畯的《闽中荔枝通谱》万历刻本，《齐民要术》金泽文库影印本以及《哈佛燕京学社引得》等。

有一次，梁家勉到北京出差，挤时间到琉璃厂买书，他看到有个书架顶上放着一捆满是尘埃的纸包，很好奇，请老板拿下来仔细翻阅才发现竟然是一部残缺不全的《尔雅谷名考》，高润生手稿。在行家看来，这无异于喜获一宝，但价格却非常便宜。北京农业大学王毓瑚教授知道这件事后还幽默地说道："广东人把北京的珍本都买走了！"这本书裱补后，成为特藏室的又一部珍本。

在他搜藏的书中，有一部是非常难得的。刊行于南宋末年的《全芳备祖》是我国现存最早、包含花木最多的专著，由于"印数无几，流行未广……经过易代沧桑，至今留存国内的，除寥寥数部手抄本外，刻印本片楮难寻"。宋以前，除了《本草》类药书外，荟萃近300种植物相关资料于一书者，以此为最。

早年梁家勉出差外地，在图书馆发现一抄本，遂不惜工本抄录，后来又听说日本皇室图书馆珍藏有这本书，是缺失了三分之一的宋刻残本，经请农业出版社辗转找到日本学者相助，特别是著名农史学家天野元之助从中斡旋，得以全部照原书摄制寄来。梁家勉不辞辛劳日夜披览，又将华南农学院特藏书库的抄本检出补齐全书，经他撰著序文，使日藏宋刻本影印本终于在中国出版，已销声匿迹的《全芳备祖》原刻，在700多年后重新与国人见面。

农史室藏书从若干部到六万多册，这个过程中潜移默化地影响了学界。

彭世奖说，农史室最终成为蜚声中外的农史文献藏书中心之一，除了华农的师生受益良多，慕名前来阅览、考察过并给予其很高评价的知名学者也多不胜数，其中就有中科院副院长竺可桢、国际科学史研究院院长胡道静、中科院院士席泽宗、生物化学科学家曹天钦，英国的李约瑟、鲁桂珍博士，美国的席文、黄兴宗、马泰来，日本的中山茂、森村谦一、渡部武、滨岛敦俊、原宗子，澳大利亚的唐立，法国的白馥兰、梅塔耶等国内外知名学者。

周肇基介绍，李约瑟博士1944年第一次见到梁家勉，34年后，他又与鲁桂珍专程到华南农学院访问，当他们看到农业历史文献收藏如此丰富，都备感惊讶，二人不顾年事已高，在高温天气兴致勃勃地翻阅文献。两位客人还提出希望复印需要的文献，并约定3个月后再到华农看书。

平时，凡登门或来信索取农史室馆藏资料者，梁家勉皆来者不拒，后来农史学科的带头人中，不少人得到过梁家勉的帮助。

梁家勉是学术大家中没有读完大学没有留过洋甚至也没有出过国但深得国外同行赞许的范例。

在梁家勉身边工作多年的林枫林写过一篇文章，提及读大学时他与梁老首次在课堂上相识，在20世纪80年代初期，中国还很少见到外国人，美国宾州大学的博士生穆素洁到中国短期进修，开了一场中国科技史的讲座，多次提到梁老在科技史上的贡献，并提到她的几位同学在撰写博士论文时都曾来华请教梁老，而她的导师、美国著名学者席文也很尊重梁老。这让林枫林对梁老的崇拜油然而生。

周肇基也赞叹梁家勉虽从未出过国，但他的研究工作却得到许多外国同行的认同。

20世纪40年代，李约瑟博士在英国驻华大使馆科学联络局任科学参赞，受英国政府派遣考察抗战中的中国科学教育的现状。他冒着危险于1944年4月27日来到避地粤北山区坚持办学的中山大学，并对分散在周边的各个学院进行访问。据梁家勉教授回忆，当年5月初，李约瑟到达在湖南宜章栗源堡办学的农学院。

参观图书馆时，李约瑟得知梁家勉正致力于中国古农书研究并有相当收获时，表现出很大的兴趣。第一天，交流、访问持续了3个多小时。次日，李约瑟意犹未尽，提出要与梁家勉继续访谈。连续两个半天的访谈，给双方都留下了深刻印象。当李约瑟回到中大校本部，特意赞扬了梁家勉的研究，并建议学校多加支持。

倪根金记得，梁家勉在撰写《〈齐民要术〉的撰者、注者和撰期》时，查阅了最早著录《齐民要术》的《隋书·经籍志》等几十部目录学文献，还寻找北魏的有关碑文作为古籍资料的补充，得出令人信服的结论，日本研究中国农史的专家天野元之助教授读完这篇文章后曾写信给梁家勉："四五天来，我每天反复拜读，体会尊著内容，并将尽量引入拙稿。"

梁家勉还培养了中国第一个农史学研究生。

梁家勉 80 大寿时，整个农学界齐聚广州为他祝寿，很多同领域学人和学生济济一堂，可见他在培养人才和后继者方面的作为。

农史研究在中国近代起步较晚，过去从未有过专门培养这方面人才的学校、专业和机构。为此，早在 1962 年，梁家勉就提出要重视“对新生力量的培养”。改革开放后，面对农史界年龄老化的问题，他又多次在全国会议上联合各方代表，积极倡议在有条件的大学创建农业历史专业硕士点，培养科研人才。

于是，在 1980 年，华南农学院创立了全国第一个农史专业硕士点，梁家勉成为首位硕士生导师并培养了中国第一位农史研究生。在他的主持下，中国制订了《农史专业研究生培养方案》和《农史专业硕士学位论文要求》，为本专业人才培养的科学化、规范化做出了贡献。梁老自己培养的 6 名研究生，后来都成为博导、教授、编审或者单位领导。

除了高级研究人才的培养，梁家勉也非常注重在本科生中开展农史教育。

1981 年起，在梁老的积极建议下，华南农学院在全校为本科生开设“中国农史”选修课，一时听众云集，梁老亲自登台上课。教学中他发现土化系有位学生对农史很有兴趣，学习成绩也很好，有从事农史事业的愿望，为此梁老专门去找了学院主管领导，希望毕业分配时把此学生分给农史研究室，学校采纳了他的建议，学生也如愿以偿。

对同领域的后辈，梁家勉慷慨扶掖的例子也很多。

周肇基便是其中的一个。1977 年 12 月，他与梁家勉在中国科学院主持召开的中国生物学史第一次学术讨论会上首次见面，梁家勉炯炯有神的眼睛、紧握有力的手给他留下至深印象。那次会议决定编著中国第一部《古代生物学史》，梁老和周肇基共同承担《植物生态和生理知识的发展》一章，商定由梁老起草生态、由周肇基起草生理部分的编著大纲。

不久，周肇基将草拟的生理大纲部分寄给梁家勉请他审阅，很快就收到他的回信，说生态和生理关系密切，特别是古代的史料很难截然划分，最好把两者合并在一章内叙述。“他表示自己时间和精力有限，恐难兼顾，为了避免影响全书的完成时间，希望我在所拟提纲的基础上，一手负责写出。虽然当时我已发表了一些论文，但是参加专著的编写还是初次，心中感到责任重大，压力颇重。”细读梁老书信，语词恳切，寄托着殷望和信任，作为后学的周肇基，此时恭敬不如从命。于是复信梁老，同意遵循他的意见，并提出文献短缺的情况，梁老立即回信说，提及的参考书，“这里粗备，静候检阅”。

撰著过程中周肇基不时请教梁老，他总是有问必答，还请农史室的同志将有关文献复印寄来。这是对新生力量的扶植，这种激励、支持、帮助后学成长的高贵品质，让周肇基由衷敬佩[1]。

[1] 本文个别事实细节参考了周肇基《中国农史学科的开拓者和主要奠基人之一》、倪根金主编《梁家勉先生诞辰100周年纪念文集》，特此致谢。

下篇

他们都遭受过人生的残酷磨难，但在完成身份的自我塑造中达到了十分独特和有成就的状态；他们并非被生活的潮水随意冲刷出来的偶然奇迹，而是在苍茫大海中抱定信念奋力向前、勇敢游出一条属于自己之路的命运主宰者。他们有着完全的不为时流所冲动、不为时弊所吓倒的主体意识，对自己的选择有着无可撼动的坚定，对人生结局有着圣人般的宽容。尽管人生中所遇见的太多内容超出了把控，跌宕起伏中，把舵定向的却是他们的价值认知。风浪和风采共同书写了他们的逆旅奇踪。

杨剑达

下篇

杨剑达

回家的路走了 70 年

73 年前离家时妹妹还没出生，再见时她已 60 多岁。10 多年前“偷渡”回家，在父亲坟前种下的松树已两三米高。如果能早点回来，“也许能见到大姐一面……”自 16 岁从家乡到印度加尔各答，到 20 多岁编入孙立人将军的驻印远征军，到抗战胜利后滞留缅甸 67 年，回家一直是老兵最庄严的守候。令人悲伤的是，终于堂堂正正回到梅县探亲一个月后，噩耗传来，因患食道癌晚期，杨剑达在缅甸去世。

人物名片

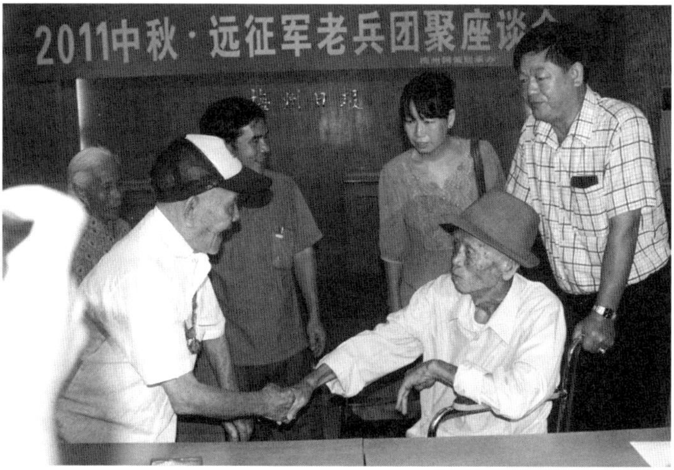

2011 年 9 月 10 日，杨剑达在儿女的陪同下见到大埔县远征军老兵杨运星，他们把手紧紧握在一起。林旭娜 摄

杨剑达（1921—2011），出生于广东梅县，远征军老兵。他 16 岁从家乡到印度加尔各答谋生，20 岁在当地加入华侨自卫团，在抗战最艰苦的阶段，与其他华侨自卫团成员一起编入孙立人任军长的驻印远征军新编 38 师，任翻译员。抗战胜利后，杨剑达滞留缅甸长达 67 年，生儿育女，然而一生坚持保留中国国籍。

一曲松花江上铁马冰河成追忆，百年梅州屋老古树旧巷慰离人。梅州市金山东街村围龙屋的对联下，走了73年的杨剑达终于回到家。

自1944年出征，到2011年回家，从缅甸到梅州，从中华民国到新中国，路远，心路更远。光是这次，从密支那到腾冲，从腾冲到昆明，再由昆明抵深圳，从深圳回梅县老家，一程就走了整整6天！然而，回到围龙屋的90岁老兵说，今生再无遗憾。

就在中秋节的前一天，杨剑达拒绝弟弟妹妹等人的挽留，匆匆赶往云南参加“忠魂归国”仪式——“那是我的弟兄，我要去接他们回家！”这一日，抗战期间入缅作战为国捐躯的19位中国远征军阵亡将士遗骸，在缅甸华侨的护送下，分别经中缅边境猴桥口岸、畹町口岸回到阔别60余年的祖国，下葬昆明国殇墓园。

忆当年缅滇丛林恶斗豺狼，半个多世纪异国生活如何煎熬？爱情亲情是否幸福，内心深处有何牵挂？2011年，获知杨剑达回家消息后，笔者第一时间与同事周煦钊赶赴梅州，在老屋门口与杨剑达及其子女，就此进行了3个多小时的对话，并于次日见证了他在梅州与其他远征军老兵的见面。此后笔者一直与其外甥、子女保持联系直到杨剑达逝世。

1938年，19岁的姐姐带着16岁的杨剑达从梅县坐小船到汕头港，上轮船后辗转中国香港、马来西亚，最终到达印度加尔各答。20岁那年，他在当地加入华侨自卫团，教官是马来西亚华侨钟山。1944年，在抗战最艰苦的阶段，滇缅公路修通，50多人的华侨自卫团随即编入孙立人任军长的驻印远征军新编38师。在搜索连，因为会说印度话，杨剑达当了翻译员。

抗战胜利后，杨剑达滞留缅甸，一留就是67年。

在那里，他娶了缅甸女子为妻，生下 8 个孩子，他身上只有一张皱巴巴的华侨登记证，是在缅甸唯一的身份证明，尽管因此带来诸多不便，但他一次次拒绝加入缅甸籍。

2005 年国家向抗战英雄颁发“纪念中国人民抗日战争胜利 60 周年”纪念章，经过中国驻缅大使馆，荣誉转交到杨剑达的手里。在杨剑达历经千山万水，回到家乡的这一年，全国在世的远征军老兵还有 500 名左右，缅甸还生活着 20 多位远征军老兵。

回家，是老兵最庄重的守候

“哪年哪月才能回到我可爱的故乡……”杨剑达用颤抖的声音吟唱的《松花江上》通过网络感动了无数素未谋面的人。他的外甥江宏章说，73 年前，舅舅离家时母亲还没出生，如今母亲已 60 多岁，这些年来，她只能对着杨剑达房间墙上他用毛笔写的一行字“民国二十五年，七月十六日，中央飞机三架到访散发传单”怀念哥哥。几千里外，杨剑达对故乡同样梦牵魂绕，回家是这位老兵自放下枪之后，内心深处最庄重的守候。

杨剑达的女儿杨玲玲这样告诉笔者：“小时候，回故乡的概念在我看来是很难很难的，因为我爸爸和他的战友做梦都想回家，但很多人一辈子都无法实现这个愿望。等到前几年，回家的可能性逐渐清晰了，但很长的时间里，手续还是非常烦琐的。”因此，她为父亲感到衷心的欣喜。

杨剑达回来的那天，梅州麻子岗一村近百米的村道两旁，站满了各地赶来欢迎他的志愿者和村民，他们手捧鲜花，拉着横幅迎接这位中国远征军老兵。这样的场景，杨剑达做梦都想象不出来。

他说，就连杨家祖屋贴着对联，亲人挂起鞭炮、摆酒席欢迎他回家的场面他以前都不敢想象。

2007年他第一次回来时匆匆忙忙，过关也办不了正规手续，可以说是悄悄回的家，这一次不一样，是志愿者、亲人堂堂正正把他接回来，这一天他盼了好久。

一路奔波，回到家他就病倒了，在医院住了3天，遥远的距离，漫长的等待，对一位老人家而言并非易事。

杨剑达却说，不累，是开心！相当的开心！不但自己一人开心，全家人都开心，以前他没有哪一天不想回来的。这一次什么愿望都实现了，一点遗憾都没留下。中国、梅县他都见到了，这一辈子他对这个世界再没有其他的要求。

“出院后回到老家的这一天，您怎么度过的？在家最想做的是什么？”笔者问。

“这次回来我一直在想，一定要找找我的战友，一些人抗战结束后就回国的。今天上午我还去黄塘村找，一个都找不到……”说到这里，杨剑达神色黯然。

“村里也没人知道他回国后去哪儿了。”杨剑达解释，当年在缅甸打仗是“十万青年十万军”，有中国境内去的，也有印度去的，大家一起在战场上经历生死，是可以托付生命的好朋友，战后一起留在缅甸的，也都亲如手足。可到了现在这个年龄，都慢慢老了，散了，全缅甸只剩20多位远征军老兵。杨剑达住的密支那，包括他在内只有三四位还在世，都90岁以上了。

老兵晚年最希望实现的愿望就是回国看看。2008年在孙春龙（“老兵回家”活动发起人）的安排下，李锡全成为这个活动中第一个回家的远征军老兵，他是湖南常德人。

另一个老兵李光钿是云南的，他1939年从宣威当兵，任

二战中，中印缅战场上的中国远征军。图片藏于美国国家档案馆。林旭娜翻拍

远征军71军28师83团2营82炮排排长，驻守怒江东岸，日本投降后流落到腾冲、缅甸。2009年4月，李光钿也回乡了。

李锡全故乡之行结束后回到缅甸，就将一路的见闻和感受一一跟杨剑达说，路上怎么样，老百姓的生活怎么样。他们住得很近，天天一块聊天，平时周末一定会碰头，他分享的回家感受让杨剑达回家的心情越发迫切。

遗憾见不到大姐最后一面

2007年杨剑达第一次偷偷回来时，跟这次最大的不同是那一次的遗憾感更加强烈。

那次回家，杨剑达在父亲墓旁种下的一株松树，如今已经两三米高了。“时间不待人啊！如果能早点回来，我也许能见到大姐一面，正是她把我带到印度的。”

杨剑达的弟弟杨文铎告诉笔者，他们两兄弟，一个是国民党军人，一个是解放军，哥哥走的时候他才三四岁，从此兄弟不能相见，一直到新中国成立后10年才通上信。

1959年，父亲收到杨剑达给家里的一封信，但因为没有写明回信的地址，家里无法回信。1968年，父母去世，就更加联系不上了。直到2004年，昆明市侨联的赵华老师因为常常到缅甸，认识了一个客家华侨，了解了杨剑达的事，才终于互通了音讯。

杨剑达马上接话：“那时候我就想，得赶紧回来啊，谁知道出发前的一天，我骑自行车在街上摔了一跤，把腿摔伤了。如果那一次能够回来，还能见到大姐的！2006年大姐就去世了，这是我的一大遗憾。接着就一直拖到2007年，我们在云南侨联的帮助下，走特殊通道过了关，但停留的时间有限，只在老家待了4天左右，和杨文铎也没机会见到。”

杨剑达其实还有遗憾，例如至今没有一部好的远征军电影或电视剧，他在缅甸看过《我的团长我的团》《中国远征军》，但觉得“一点意思都没有，没有（电视剧演的）那个事情，真希望国内能早日有一部真实反映远征军的片子”，他觉得凤凰卫视的纪录片拍得不错。

一曲松花江上铁马冰河

自20岁在加尔各答参加华侨自卫团，杨剑达在印度训练了两年多，是时，这些华侨青年每日两操两讲，目的是保护华侨的生命和财产安全。时间到了1944年，抗战进入最艰苦的阶段，杨剑达放弃安定的生活，响应国家号召，加入撤到印度的孙立人军队新38师，随后参加了第二次远征，跟随军队打到缅甸。从中国军队入缅算起，中缅印大战历时三年零三月，中国投入兵力总计40万人，伤亡接近20万人。

作为远征军的一员，军人的操守伴随杨剑达一生。

“三民主义，吾党所宗，以建民国，以进大同。咨尔多士，为民前锋；夙夜匪懈，主义是从。矢勤矢勇，必信必忠；一心一德，贯彻始终……”回忆起多年前的军旅生活，性格豪迈的杨剑达，满怀激情地唱了起来。

“在华侨自卫团时，我们每天两操两讲，到了军队里，每天要三操三讲，学习三民主义，每天升旗和降旗时，大家就一起豪迈地唱《三民主义歌》。”杨剑达回忆，他还曾陪着连长钟山到医院里看望过孙立人将军。

“九一八，九一八，从那个悲惨的时候，脱离了我的家乡，抛弃那无尽的宝藏，流浪！流浪！爹娘啊，爹娘啊。什么时候，才能欢聚一堂？”提起《松花江上》，身经百战的老兵再次哼唱起来，红了眼眶，“这么多年，是这首歌陪伴我们战胜了战争烽火，战胜等待回家的漫长日子，也是这首歌伴随着我们，又回到了祖国的怀抱……”

战友是“大老婆”

笔者问杨剑达，回家的路你走了73年，好不容易回来了，可你为何放弃在家度过一个与亲人团圆的中秋节，选择赶赴云南参加远征军军人遗骸回国的活动？

“他们是我的兄弟，是我的亲人，我一定要接他们回家……目前在缅甸还散落60000名远征军的遗骸，很感谢国内志愿者的努力，使得忠魂得以归葬故国。”杨剑达说。

杨剑达之女杨玲玲从小就认识很多远征军老兵，跟家里人紧密联系常常有来往的至少有二三十位，这次专门从广州赶到梅县见爸爸的黄阿姨，她的叔叔也是远征军，婶婶还是杨玲玲的亲姨妈。那位叔叔和杨剑达既是同乡又是朋友，一直同班，去印度同船，在印度住隔壁房间，又在同一年结婚，娶的是亲姐妹。

有一件事可以看出他们的战友之情，他住在缅甸另一个城市，每次到密支那，无论是夜里12时还是凌晨3时，到达的时候都要到杨剑达家里敲门“报到”，然后再回亲戚家睡觉。

“妈妈和我们都开玩笑说他才是我爸爸的大老婆！可惜的是他没有机会回梅州，一次也没回来过，打算回的时候就去世了。”杨玲玲为姨丈感到十分遗憾。

杨玲玲觉得，爸爸这次回来，身体比2007年那次差多了。一路上，想起他和战友们的事情，杨玲玲不禁悲从中来，但又替爸爸感到开心……

军人作风保持一生

杨玲玲和其他兄弟姐妹从小就听爸爸讲远征军的故事，但家里却找不到什么印迹，既没有军章，也没有战衣，只是知道他们打过很多仗。不过有一天，她突然在父亲身上看到了一个切切实实的军人身影：他每天6时起床18时睡觉，早睡早起的习惯一生不变，什么物品都摆放得整整齐齐，被子也要叠成豆腐块，给子女留下了很深的印象。

“那时候我在想，这大概是军人特有的品性，我爸爸是一个真真正正的中国军人。”杨玲玲说。

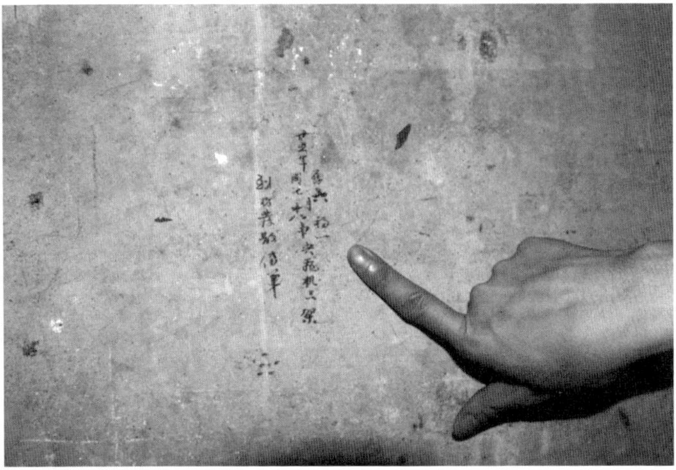

杨剑达15岁时写在老家墙上的字。林旭娜 摄

在缅甸的生活苦吗？老兵们都是怎么生存下来的？

杨剑达会说印度话、缅甸话、英语和客家话，普通话也讲得不错，退伍后“混入”了当地华侨中，生存下来并不那么难。但那里的生活磨难，特别是心理上的，好多老兵讲都讲不清，心里的苦楚更是讲不清。

在缅甸，他什么工作都干过，在制酒公司、轮船公司做过工，也做小生意，还替缅甸政府运过军需，用马匹驮货物，一边30磅，共60磅，在中缅边境的几个地方来来回回，只要有缅甸军人的地方，他就会出现。当时一匹马走一天4元，如果下雨会涨到5元。这样一直干了10年，直到1972年，因为马帮要走的山路很危险，他才不做了。

这段工作经历，使他认识了很多用马匹驮物资的人，但现在想联系他们也都联系不上了。

缅甸的军人都认识杨剑达，叫他“广东的老杨”，在那边，来自广东的老杨只有一个。在缅甸，只要见到中国人，他都要过去打招呼，遇到广东人就更高兴了。

在漫长的岁月里，怎么排遣苦闷的呢?

杨剑达说，抗战胜利后，他滞留在缅甸，跟华侨住在一起，“乌鸦和乌鸦混起来就认不出了”，所以也没人关注到他，很多缅甸华侨不知他是远征军。几十年来，他从来没有坏脾气，这是军队里训练出来的，不良嗜好更是一个都没染上，到今天仍然烟酒不沾。每天 18 时睡，6 时起，回到家乡的这几天还是这样。

留在缅甸的老兵一般都会和华侨的女儿结婚，生活与当地的华侨差不多，有过得好的，也有过得不好的。因为无依无靠，一些人也会干坏事，但他从来都恪守军人的原则，“如果守不住这条原则，我怎么有颜面回家呢？”

杨剑达说自己最大的喜好是吃客家的咸菜焖猪肉，这是他心中最好吃的美味，在缅甸他会晒干芥菜，放上盐，自己做咸菜，一年腌制一次，在还没离开家的时候他就学过，用来焖猪肉，聊以慰藉乡愁之苦。这次回家，亲人专门做了家乡正宗的咸菜焖猪肉给他吃。

夫妻恩爱 儿女同心

回梅县探亲返回缅甸后不久，一个来自缅甸的电话打到梅县江宏章的家里，他是杨剑达的外甥。电话是表妹杨玲玲打来的，告知他当天下午 3 时，老人和 3 个儿女已经抵达缅甸。

半个多世纪过去，那里也是杨剑达的家，妻子和一堆儿孙正翘首盼望老人回去。

杨剑达年轻时的照片。资料图片

几十年来，杨剑达和缅甸妻子相濡以沫，生了 8 个儿女（3 人已去世），妻子不会说中国话，但对杨剑达的一切无条件支持，他们几乎所有的儿女都会说汉语。

很多远征军士兵在缅甸成家立业，生儿育女，虽远离故国，但最终在家庭中获得人生的温馨，这是他们数十年远离家乡、壮志难酬的人生中最大的慰藉。

杨剑达的妻子不是华侨，而是土生土长的缅甸人，杨剑达回国省亲时她 75 岁，本来也很想一起回来，可惜的是，两个月前她中风了，只好在家等待杨剑达和儿女。

杨剑达认识太太是在他缅甸的家里，当时她到杨家来学习华文，两人就认识了，结婚后家庭氛围幸福融洽。尤其特别的是，杨太太的几个姐妹都嫁给了远征军，因为女方是姐妹，男方是好朋友，就这样逐渐认识并结缘了。很多远征军官兵结婚的年龄都比较晚，杨剑达 36 岁才和太太结婚。

杨玲玲的汉语说得非常地道，她的两个哥哥也都会日常的汉语，这是杨剑达有意培养的。

杨剑达介绍，当地有华文学校，他从小就让孩子们去补习班学习汉语，几个小孩都会说汉语，玲玲说得最好，她是密支那育成中学的英语老师。他很以自己的孩子们为骄傲，他最小的孙儿才出生几个月，真希望以后全家还有机会一起回中国。

但老人再也没有机会回到老家梅县了。一个月后，噩耗传来，因为患食道癌晚期，杨剑达永远留在了缅甸。

实际上，从缅甸到梅州的路途中，老人住了 3 次医院，并在梅州市中医院确诊为食道癌晚期，只是大家都不敢告诉他。

返回缅甸后，杨剑达由于药品用完，健康状况受到影响。外甥江宏章赶紧买了药，但药品只能先寄到云南腾冲，再托朋友带入缅甸，药品到时舅舅已经去世。

临终之前，杨剑达的女儿杨玲玲给江宏章和妈妈打电话，当时杨剑达已经多日未进食，身体极度虚弱，也已不能正常言语，对于中国亲人的问候和关怀，只能在电话中以“嗯，嗯”来回应。“老人的愿望是去世后能安葬在云南国殇墓园，但这个心愿同样不容易实现”，2011 年 10 月 11 日 13 时，杨剑达在密支那下葬[1]。

[1] 杨剑达的故事最初发表于2011年9月20日《南方日报》，标题为《中国远征军老兵杨剑达：回家的路走了70年》，见报署名：林旭娜、周煦钊，统筹：金强，该篇报道获得第二十二届中国新闻奖一等奖（国际传播）。见报稿为对话体，较本文有较多删减。

许海星

下篇

许海星

海外赤子绽放热血青春

1939年，马来西亚沙捞越州石隆门县新尧湾老街上，21岁的许海星意气风发，用相机拍下最后一张照片，随后登上老街转角“右手港”码头的轮船去往新加坡，再转往昆明参加抗日。与许海星一样抛弃安逸生活共赴国难的南洋青年共有3193名，至1942年复员时，1000多人永远地将身躯留在了中国，剩下的无不鸠形鹄面、面容憔悴，他们中最终仅有约1000人回到原本生活的家园。

人物名片

许海星。林旭娜 摄

许海星（1918—2017），马来西亚沙捞越人，祖籍广东潮阳。1939年，中国抗日战争进入最艰辛阶段，国际军援运输濒临断绝，滇缅公路成为中国抗战生命线。青年许海星响应号召，抛弃安逸生活，共赴国难，成为南侨机工的一员。

百多年来，南洋侨胞一直是岭南乃至中国经济、文化、社会发展过程中一曲洪亮的伴奏，广东作为全国最重要的侨乡，分布在全球各地的华侨华人有3000多万之众，丈量海外华人足迹，扣人心弦、引人热泪的故事实在太多。

笔者曾多年从事涉侨题材挖掘，并与广东省侨办调研团先后深入泰国、印尼、菲律宾、马来西亚华人社区，多角度近距离接触、收集、观察华侨事迹，尽可能深入地与经历、见证过和正在经历、研究海外华人历史嬗变的人士交流，获得了大量丰富的事实细节和独具特色的人物样本，其间，给笔者以极深震撼、留下最深印象的是当时已经97岁的许海星[1]、94岁的李亚留和最后在广州终老的张伟民，他们有一个共同的身份，叫南侨机工。

南侨机工，是指抗战时期东南亚各国华人子弟组成的南洋华侨机工回国服务团。1937年7月7日，卢沟桥事变爆发，日军发动全面侵华战争，至1939年，中国抗日战争进入最艰辛阶段，沿海港岸及对外交通要道先后沦陷，国际军援运输濒临断绝。这时，1938年动工抢修的滇缅公路几成中国抗战生命线和唯一输血管。

滇缅公路山高谷深，地势险恶，急需大量技术熟练的司机与修理工，1939年2

[1] 一起在马来西亚采写许海星的还有南方日报记者林亚茗女士，本篇故事包含该次合作成果，特此说明。

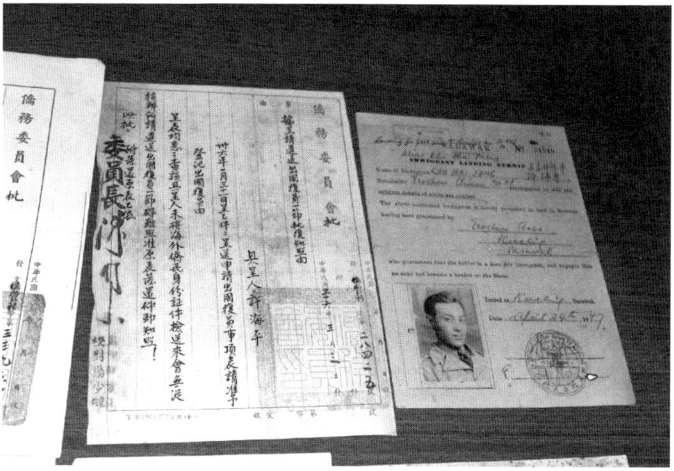

许海星的华侨证、复员证。林旭娜翻拍

月 7 日，陈嘉庚发表了“南侨总会第六号通告”，号召华侨中的年轻司机和机工回国服务，东南亚青年踊跃报名参加。据统计，1939 年至 1942 年，滇缅公路运输物资 45.2 万吨，占当时全国所有国际援助 50 多万吨的 90% 以上，均由南侨机工运到中国各地抗日战场。

他们的任务是将外国援助中国的物资运送到各个需要的地方。许海星当年拍摄的一张照片里，2000 辆美国道奇卡车齐刷刷地排列着，颇为壮观。他曾经开着这些新车运着汽油和武器装备，送到昆明、贵阳、重庆、湖南、广西镇南关以及广东粤北。一个车队通常有四五十辆车，如果没有敌军飞机轰炸，他们就 24 小时不停地赶路。

1942 年 5 月以后，滇缅公路被彻底切断，南侨机工队被解散，这时东南亚也基本被日军占领，无法回去。所以该时期的

许海星年轻时的肖像和他拍摄的道奇牌新车。林旭娜翻拍

南侨机工们大多过得很清苦，有的停留在途经的省份，有的回到国内的故乡，成了家，定居下来。

意气风发的玩相机青年

马来西亚沙捞越州，离首府古晋半小时车程的石隆门县新尧湾老街上，1939 年的许海星意气风发，用相机拍下最后一张照片，随后登上老街转角“右手港”码头的轮船去往新加坡，再转往昆明参加抗日。

与许海星一样抛弃安逸生活共赴国难的南洋青年共有 3193 名，至 1942 年复员时，1000 多人永远地将身躯留在了中国，剩下的在结束战斗时无不鸠形鹄面、面容憔悴，他们中仅有约 1000 人回到侨居地，约 1000 人留在了中国生活。

机工合影。马来西亚南侨机工研究者刘道南提供

在马来西亚沙捞越州，当年赶赴前线的青年有百余名，2015年，我们寻访时，仅仅剩下许海星、李亚留、冯增标3位，都已近百岁年纪。

许海星最明显的特征是右臂右肱骨可以扭转，中间一节软绵绵的，这是因为在战火中被打断了骨头，但因为医疗水平所限未及时接回。许海星复员后，用这只残而不废的右手继续生活，还组建了温馨的家庭。

能够活着回到沙捞越古晋郊区，对许海星而言已经算得上是个奇迹。

这位祖籍广东潮阳的老人97岁时仍然身体康健，能跑会跳，思维敏捷，出语幽默，他笑称自己“脑子像电脑一样”，70年前回国抗战时所到之处，所做之事，当地特产，街道原貌，一切经历，全都记得。

所言非虚，在和老人家慢慢细聊的半天时间里，从因战争而受伤，因受伤而主动逃离导致夭折的爱情，到战火中经历车祸、轰炸仍不断运送物资，每一个细节他果然都记得清清楚楚。

然而，身边已经极少人知道他们的不平凡经历，尤其是 70 岁以下的沙捞越人，几乎没人知道南侨机工这个曾经震动海内外华人的英雄群体。

“也有一些听我讲过参与中国抗战的故事，但大家对华侨机工很不了解。”他坦言，直到 2015 年前后，因为纪念世界反法西斯战争胜利 70 周年，中国的博物馆和新闻界对这段历史的兴趣逐渐升温，广东省侨办和广东媒体人专程赴古晋去访问他，令他尤其振奋。

喜欢摄影的许海星给我们看了许多他拍的老照片，年轻时的许海星英姿勃发，才貌双全，会驾驶汽车，作为马来西亚华人，他与许多人一样能讲流利的福建话、潮州话、客家话、英语和马来话。

这样时髦潇洒的日子，在 1939 年 7 月戛然而止，读到陈嘉庚发出的倡议，22 岁的许海星毫不犹豫地做出响应，他放弃了在机器厂的工作，义无反顾报名加入华侨机工队。

此前许海星已经能熟练开车，并懂一定的修车技术，他成为沙捞越队副队长。他记得，当时古晋共有 70 多人报名，机工们先到新加坡集合，当时码头上挤满了前来欢送的华侨，鞭炮齐鸣，人群激昂。

队伍从新加坡启程，抵达缅甸后，再进入中国。云南畹町成了他们踏上抗战征途的起点。

许海星所在的队伍全队共有 63 人，分别来自马来西亚、印尼和泰国，队员都拥有驾驶和修车技术，被上级精挑细选出来，因此不需要先到昆明进行技术特训，直接上岗。正是这一原因，许多南侨机工的档案中都没有这支队伍的记载。

许海星清楚记得自己加入南侨机工后第一次出发上路的遭遇。“第一天上岗，我在从畹町开往遮放的路上，亲眼看见翻了一辆南侨机工开的车，所以当时报纸上写着，滇缅公路上每一公里就有一个南侨机工牺牲在公路上。”

战火中的生活是艰苦的，常常要在车上、原始森林里过夜，甚至自己抓鱼吃。

许海星说：“我们队中过去什么职业的人都有，也有富裕人家出身的，但都自愿去挨这个苦。车队常常要经过陡峭的山路，记得贵州有一段路有 72 个弯。这样的路段，载重车很容易滑下深渊，机工就发明了三角木条，一程程地来顶住轮胎。我不记得运送过多少批，只记得再艰辛也会全部到达目的地。运送中国飞机所需的汽油，可以说是一滴汽油一滴血。”

最危险的一次是在 1941 年底的长沙会战期间，他在湖南衡阳火车站等着新一批汽车送到，这一等就是 3 天。其间日军飞机多次轰炸，他就躲到墓地里去，等日军结束轰炸才继续上路。当时，他的战友遭到了日军多次轰炸，很多人因为来不及躲避成了活靶子。

“敌机炸弹喷得我一头黄土，连嘴里也是。”说到这，老人笑了。

1945 年 8 月 15 日，许海星在广西柳州听到了日本投降的消息。这时，他们这个队已经七零八落，有的失散了，有的留在了当地，最后只有几个人回到南洋。而他还是在父亲寄来 300 元后，才辗转回到古晋，带回 700 多张珍贵相片。后来，云南省博物馆向他征集了这些相片。

经历过枪林弹雨后，他做起走村串镇的小生意，并与一位沙捞越土著姑娘结婚，有了 8 个孩子。1960 年至 1963 年期间，他还曾出任当地县议会的议员。

“后来我要养那么一大家人，不寻常的过去只能藏在心底。”许海星告诉我们，他的妻子不是华人，不懂汉语，但夫妻感情很好，她去世时，许海星把她安葬在华人义山（即华人墓地），墓碑上刻着他给妻子起的中国姓“林”，表达敬意。

老人晚年最大的心愿是能够回中国看一看。他兴致勃勃地说：“我去过的大城小镇，连哪条街有什么铺子都藏在脑子里，我给你们带路吧。”

他不知道，中国早已不是当年的样子，如果他回来，一定会迷路。

采访结束后，他坚持带我们参观他 1931 年毕业的新尧湾中华公学学校，以及那条记载着华人在这里创业的百年老街。

他指点着：“我懂摄影，这个角度的光线比较好，那个角度的景拍得最全……”

据马来西亚《星洲日报》消息，2017 年 10 月 4 日凌晨，许海星在家中去世，享年百岁。

山高谷深　狼群逐围

离许海星住所不远的地方，住着他的一位战友。在同一段空前的历史中经历过同一段惊天动地的人生，他们晚年的幸福与平淡，也显得如此相似。

在沙拉越最西边的古晋省伦乐县伦乐镇，人们常常可以见到 94 岁的老翁李亚留骑着自行车，到 3 公里外看望女儿，再骑到镇上找老友喝杯咖啡。岁月静好中，谁也想不到，70 多年前，血气方刚的李亚留有整整 6 年时间日夜开着大卡车，奔波于滇缅公路最危险的路段上。

李亚留向笔者展示他的华侨机工回国服务团荣誉纪念章。林旭娜 摄

出生于1919年的李亚留是从古晋出发的第一批3位华侨机工之一。1939年，在得知危难之中的中国急需大量机工时，他毫不犹豫地报了名。

在正式投入中国抗日运输军火服务之前，李亚留参加了为期一周的训练，结束后即刻投向中国抗日战场。他和一同从古晋出发的两个伙伴加入机工大队，坐船先到越南西贡，后从河内前往中国昆明。

山高谷深，抢修出来的滇缅公路十曲八弯，李亚留曾亲眼看到队友的车滚下悬崖。那些日子里，他常常独自出发，不知道走了多长时间和路程，只是拼命往前赶，直到天黑看不清路才歇息。有时夜里会有狼群围住汽车，他只能启动汽车，用车灯和马达声吓退猛兽。

“有时候在山路上汽车坏了，前不着村后不着店，我就跟自己说，大不了留下来当山大王。”当时的情形李亚留仍记忆犹新，“那时候年轻，不觉得累。”

但危险如影随形。云南多山、多云又多雨，飞机要轰炸目标并非易事，当时有一些汉奸在滇缅公路搜集情报，给日军标识轰炸目标。李亚留还记得，受训期间教官特意交代要注意路上可能有日本间谍。

李亚留就曾遇到过间谍。有一次，他停车休整，一个乞丐模样的人到车子旁来讨吃的。他觉得有点奇怪，不动声色地把此人带到宪兵部。结果，这个人果然是日本间谍。

在枪林弹雨中执行任务的李亚留还有一次死里逃生的经历。1941 年元旦，李亚留与 3 名队友正准备吃饭，突然传来日本战机轰炸的声音，不一会儿，炸弹“轰隆”一声在身边爆炸。“幸亏我们几个都没事！”每次说起这段经历，李亚留仍觉得当时的场景历历在目。

滇缅公路上的咽喉工程功果桥和惠通桥多次遭遇日军轰炸，又多次被南侨机工修复，这其中，李亚留功不可没。在一次执行任务时，功果桥又被炸断，李亚留向队长建议用空汽油桶做浮桥，确保抗战物资运输道路保持畅通。那次连日军也觉得奇怪，还专门派间谍前来侦察缘由。

山下养老　不问世事

伦乐人的母亲河加央河从李亚留家门前流过，通往南中国海。这是古晋唯一通海之地，百年前古晋的先侨在这里望海思乡。

这天，听说中国的笔者来访，满头白发的李亚留一早骑车到女儿的油站等候。他的身形健朗、利落。

1945 年，李亚留自印度取道新加坡回到古晋。此后，他先在船运公司工作，再在古晋市驾驶小型巴士载客。后来，在古晋至伦乐的道路开通之前一直经营船运生意。目前，这位从历史中走来的老人定居在加汀山下，育有三男一女，平时到处串门，自得其趣。

我们问起老人当时为什么会果断回国抗日，李亚留不假思索地回答，回祖国抗日本身就是唯一的理由。

“抗战结束后，我的上司要我继续留在军队，我不愿意参与到中国人打中国人的内战里，所以坚决地回马来西亚了。”李亚留说。

回来后，他对自己在滇缅公路上“战斗”的日子闭口不提。“一开始是因为担心当局敏感，我们不能说，后来则是连孩子们也不了解，说了也很少能得到其他人的共鸣。”李亚留告诉笔者。

直到晚年之后，慢慢有当地的学者来搜集资料，老人的家人才逐渐知道了情况：原来阿公曾经是英雄。

随着许海星等人的离世，李亚留成了马来西亚最后一位南侨机工。

2018 年 5 月 3 日深夜，在伦乐的家中，在亲人的陪伴下，这位整整走过 100 年人生的英雄，海外最后一位南侨机工，走完了波澜壮阔的一生。弥留之际，他心心念念的仍是自己挥洒过青春和热血的昆明。

中国驻古晋总领馆工作人员蒋盈回忆，李亚留去世后，中国驻马来西亚大使白天第一时间发唁电致哀，将李老誉为“民族忠魂”。程广中总领事率总领馆人员前去送李老最后一程，致悼词时一度哽咽。

这条路上的任务都是国家大事

在广东，笔者也寻访过一些后来定居在此的南侨机工。

2015年，5月21日，广州大雨滂沱，在广东第二师范学院的教工宿舍里，90岁的张伟民回忆起76年前那个太阳猛烈的中午，三次落泪。

76年前，少年张伟民成为南侨机工的一员，离开家乡远赴云南。

“中国有千百条公路，数不清的桥梁，然而没有哪一条像滇缅公路，也没有一座像惠通桥那样可以载入史册。”这是中国著名作家萧乾的评价。

他没有说出来的是，历史之所以记得惠通桥，是因为那些曾经千万次跨越惠通桥的人——南侨机工。

“我们从新加坡码头出发时，场面相当热烈。”张伟民永远都忘不掉那一幕：“祖母、母亲和弟妹都专门前来相送，父亲却远远地站在码头钟楼下没有走近。”

当时他不知与父亲这一别竟成永别，这一年，张伟民才13岁，是当时年纪最小的南侨机工，被编入总编队第九批。

张伟民说，抗战刚爆发时，南洋华侨反响就十分激烈，纷纷捐钱、义演支持。当武汉大学合唱团给马来西亚士乃镇带来抗日演出时，张伟民和其他爱国青年纷纷响应号召。

积极分子自动到场维持秩序，喊口号，卖花募捐，随后又响应陈嘉庚的号召参加华侨机工回国服务团。因为只有13岁，报名时他还偷偷报大了一岁。

报名后，首先是一个月的培训。张伟民被编入士乃镇第三期南侨机工培训班，和其他青年人一起在“四隆园”里学习驾驶、汽修，培训结束时要进行结业考试，张伟民记得考试的内容有

林旭娜采访定居广州的南侨机工张伟民。郭智军 摄

“上坡换挡”“紧急刹车”等。

虽然年纪小，但张伟民艺高胆大，开着福特车几个来回下来考试全部一次通过，引得旁观的人纷纷鼓掌。

“我年龄小，个头也差别人一截，为了让我考试合格，母亲专门为我做了一个垫子。”张伟民回忆。

一个月训练结束，穿着全新统一制服的机工们，坐上插着写有“马来西亚新加坡筹赈会华侨机工回国服务团”旗帜的轮船，从新加坡出发。经过两天两夜的海上颠簸后，他们抵达越南西贡，再坐小火车经河内、个旧等地，最终到达昆明。

“记得我第一次开车出任务，是跟着一个讲潮州话的归侨

广东最后一位南侨机工张伟民。郭智军 摄

搭伙，他属于第三批机工。”张伟民和这位广东老乡在10月的一个清晨，开着道奇大卡车从昆明前往云南下关，下车时下关的风很大，几乎站不住脚。

路上有几十个弯，很危险，每到这些危险的转弯处，老司机为了安全，不让张伟民开。

因路况差，山路难走，经常有机工半路翻车，车抛锚或是水箱没水更是常见的事。张伟民第一次出车就见到了一起严重车祸，司机在盘山路上因方向盘打得太早翻车。

有一次从下关回昆明，天快黑了，张伟民开着卡车，路过一个昏暗的街道，一不小心就撞到一堆原木上了，连旁边蹲着吃晚饭的人饭碗也被撞飞，所幸只是轻伤。

“滇缅公路运输线，是日军封锁沿海供给线后唯一的一条军需物资运输线，这条路上的任务都是国家大事，机工们都懂。”张伟民说。

中华人民共和国成立后，张伟民一直尝试跟原来的机工朋友联系，直到遇上另一位老机工彭士馨。1997年他专门到昆明看望彭士馨和其他机工，后来，他们也曾到他广州的家里住过几天，但随着时间流逝，这些可歌可泣的老人，几乎都凋零殆尽了。

广东省侨办沈卫红博士告诉笔者，2015年还在世的广东籍老机工，除了原籍潮阳的许海星、原籍惠阳的廖平、原籍茂名的唐国常，还有原籍揭阳的蔡明训和长居广州的白雪娇。到2017年李亚留去世时，全世界只剩下3位南侨机工。

廖平是沙捞越第二批机工的领队，也是由新加坡出发的七批机工的领队。他先分在贵阳辎重兵团，后考取战时卫生人员联合训练班，嗣后在陆军五十四军十四师担任政工大队长，参加过远征军，后到美国接受空军作战训练，抗战胜利时已擢升为陆军上校。1948年初冬，廖平回到新加坡，20世纪80年代移居加拿大。

唐国常1915年出生于茂名电白县，1938年考入广州军事委员会西南进出口物资运输总经理处广州司机训练所。1938年派往昆明编入西南运输处进出口物资运输处第一大队任司机。1939年侨居缅甸时，加入缅甸侨领梁金山的金光公司任司机，往来于仰光、腊戍、畹町、保山、昆明运送军用物资。

蔡明训出生于1919年，直到96岁仍身体硬朗，喜欢在山西太原迎泽湖的滩涂上开荒种地。他15岁漂洋过海，投奔居住在马来西亚柔佛州士乃的舅舅。1939年2月，蔡明训加入士乃第二批南洋机工服务团回国，带着14辆汽车，从新加坡出海。

苏轼在《定风波·南海归赠王定国侍人寓娘》里写道：

常羡人间琢玉郎，天应乞与点酥娘。尽道清歌传皓齿，风起，雪飞炎海变清凉。

万里归来颜愈少，微笑，笑时犹带岭梅香。试问岭南应不好，却道：此心安处是吾乡。

南侨机工，这些曾粉雕玉琢、丰神俊朗、原本可以在温柔梦乡安稳度日的少年，以血肉之躯和整个人生作为押注，将自己奉献给祖国解放的事业，与死神过招，与残酷同眠，历尽沧桑，从遥远的地方归来，笑容依旧，笑颜里好像还带着故乡岭南梅花的清香。

或许人们会说："那段经历应该不是很好吧？"他却坦然答道："心安定的地方，便是我的故乡。"

陈锦棠

下篇

陈锦棠

飞虎队员的千里之行

每年军人协会举办活动时，他和战友都会纪念二战牺牲的同袍和那些先行去世的老兵。一直以来，他不愿过多拔高自己参加飞虎队的情操，而是以历经战火的悲怆淡然去化解生命中这段高光和刺痛。在他看来，告别好不容易得到的和平生活，主动回到战火中参加抗战是自己作为当时的美国华人无法回避的选择，不是因为“伟大”，而是因为“不得不”。

人物名片

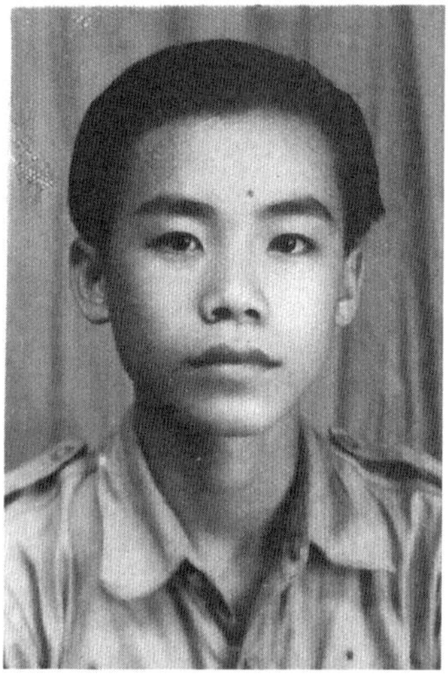

少年陈锦棠。林旭娜翻拍于陈氏纽约家中

陈锦棠（1923—2021），祖籍广东台山中礼村。前美国飞虎队队员、纽约华侨衣馆联合会元老。1940年，17岁的陈锦棠远赴美国。1943年年底，陈锦棠等华裔军人受训完毕，辗转进入中国境内，参与抗击日本侵略者的战斗。1946年1月，随部队返美退役，一直住在纽约直至去世。

在广东台山市东北2公里处，有一片以嶙峋怪石闻名的风景区，密植芳树，空气新鲜，是当地人心中的“台山八景”之一，是休憩观光的好去处，台山人有闲都爱到这里来爬山踏青，因此每天访者如鲫。

2011年6月，在台山市当地学者蔡先生的带领下，笔者第一次沿着山道，爬上山坡，想见识见识它的神奇，但它真正的神奇之处与风景无关，而是山上的飞虎队纪念亭——由原飞虎队空军上尉梁炳聪等10多位美籍华人飞行员所捐建。

台山人在230多年前就有到国外谋生的记录，中国抗日战争爆发后，华侨子弟仍然牵挂祖国，时刻关注时局变化。蔡先生告诉笔者，在抗战期间，许多台山籍华侨参加了美国人陈纳德组建的飞虎队，他们有的是飞虎队的飞行员，有的是飞虎队的地勤人员。

在纽约、在华盛顿、在波士顿，笔者曾和两位当时在暨南大学就读的师妹刘蓓、章娟努力寻访，在美籍华人陈建平、陈永锦两位先生的帮助下，寻找那些已经90多岁高龄的昔日“飞虎”。幸运的是，我们见到了其中几位，其中给笔者留下最深印象的是时年92岁的陈锦棠，尤其是他珍藏的许多老照片，有着关于飞虎队最生动的细节。

陈锦棠告诉我，如今大部分台山籍飞虎队队员已经去世。每年，军人协会举办活动时有一个重要仪式，他和战友会在身边摆上几张空椅子，以纪念二战牺牲的同袍和那些先行去世的老兵。

第二次世界大战造就了无数英雄，他们中绝大多数又如此平凡。一直以来，陈锦棠不愿过多拔高自己参加飞虎队的情操，而是以历经战火的悲怆淡然去化解生命中这段高光和刺痛。

“战争是人类的共同敌人，卷入战争是时势所迫。”在陈

祖籍台山的余氏三兄弟加入美国军队时的合影，其中两人是飞虎队队员。资料图片

锦棠看来，告别好不容易得到的和平生活，主动回到战火中参加抗战是自己作为当时的美国华人无法回避的选择，不是因为“伟大”，而是因为“不得不”。

因为战争，年轻时陈锦棠曾多次历经动荡、来回迁徙：15岁因家乡沦陷，从台山逃到香港，香港沦陷后又逃到美国，20岁选择从美国回国抗日……“这都是因为战争的残酷，我的所作所为都是为了生存和尊严。”他一辈子最自豪的事是曾坚定选择回到祖籍国与中国军队协同作战，为中国的抗战出力。

20岁纽约从军回国抗日

陈纳德将军麾下2000多名飞虎队队员，绝大多数为美籍华人，大多是台山、开平、恩平三邑赴美华人的后裔。

陈锦棠祖籍广东台山，1923年出生，1938年日军占领广东，年仅15岁的他为逃避战火辗转到香港，仅仅读了一年初中，他就由兄弟申请赴美，乘船经日本、新加坡到加拿大温哥华，坐横贯美洲大陆的火车到东海岸的波士顿，路上走了10个月，最后才来到纽约。

抵达纽约后，他在唐人街老乡的帮助下进入洗衣店当学徒打工。1943年，随着太平洋战争不断吃紧，在罗斯福总统的建议下，第14航空队司令陈纳德将军和中国战区参谋长史迪威将军颁布特别命令，要求组建一支既会说中文又懂英文的美国华人大队，配属到中缅印战区的美国部队，这支部队在美国俄亥俄州第五空勤司令部原有的华人部队基础上开始组建。

美国政府号召华人子弟参加抗战，当时全美有1000多名华人子弟加入，其中从纽约去的就有好几百人。陈锦棠与众多华裔青年一样积极报名，被录用后，他除接受体能、枪械训练之外，还学习了电报接收及破译专训，随后被派往中国战区，编入美军第14航空队。其前身即为陈纳德将军的飞虎队。

在军中，陈锦棠认识了更多的台山籍美国飞虎队老兵，他熟悉的有32人，跟他同一个队的士兵中来自老家同一个村的就有四五人。祖籍广东宝安的战友陈群成为他最好的朋友，我们采访陈锦棠时，陈群已97岁，还经常与陈锦棠见面。

美国华人捐款情景。林旭娜翻拍于纽约华裔博物馆

在飞虎队队员中，飞行员只占小部分，大多数是机械维修师、地勤人员等，一位在天上作战的飞行员背后有三四十名地勤人员支撑他们的工作，陈锦棠的身份是一名通信兵。

“我们培训时会根据每个人的能力和语言水平分组，汉语说得好的一般分到通信、运输等单位，负责美军与中国部队、美军和当地百姓的交流。”我们在波士顿访问另一名飞虎队老兵黄廷深时，他回忆。

1943 年 6 月，黄廷深入编美国第 14 空勤大队第 407 空勤中队，他的胞弟黄廷洛则被编入第 1157 通信兵团，于 1944 年 1 月 14 日第一批前往中国。黄廷洛是一名负责无线电的通信兵，后来考入麻省理工学院，于 2012 年去世。

笔者在纽约采访飞虎队老兵陈锦棠。刘蓓 摄

为“流动的电台”工作

加入军队前，大家在各行各业工作，因此入伍后受训十分关键。

陈锦棠在林肯的故乡伊利诺伊州的斯普林菲尔德进行军事训练，随后被编入美军第 14 航空队。1944 年 1 月，他作为通信兵登上皇后号渡轮从东海岸弗吉尼亚的港口出发，因为皇后号没有护航，一路都有日军的潜水艇追逐袭击，十分危险。就这样航行至南美洲，跨过大西洋，绕过非洲南端的好望角，才避开日军在印度成功登陆。然而皇后号最终还是没能避免沉没之命运，在后来返航途中被日军击沉。

抵达印度孟买后，陈锦棠和战友乘坐火车至加尔各答，在当地停留集合训练了 2 个月，然后乘机通过“驼峰航线”前往

采访小组与陈锦棠合影。后排左起为刘蓓、林旭娜、章娟

云南昆明。当时与他同一组飞往昆明的有8人，都是五邑人，他是年龄最小的一个。

在纽约家中，面对笔者一个接一个的提问，与想象中不一样的是，陈锦棠丝毫不渲染自己在战场中遇到的危险，相反，他告诉笔者，通信兵都在后方战场，并不惊险。后来他们转移到云南北部一座小城，主要负责操作无线电平台，与总部保持通信，截获、破译敌军信息等工作。

同样负责后勤工作的黄廷深则被分配至陕西安康，主要负责后方物资的补充供给和仓库管理。身处敌后战场，黄廷深同样说自己的经历没有前线战士惨烈。但作为飞虎队的一员，他们对于战争的胜利同等重要。

陈锦棠的部队是“流动的电台”，哪里需要他们就去哪里。日军曾破译过他们的密码，在一次战斗中打掉了美军的两

陈锦棠（前排左一）等三位华裔飞虎队队员与叶挺的女儿叶扬眉合影

台 B29 轰炸机。在紧张的战争状态中，陈锦棠目睹了残酷的流血和死亡。

巧遇叶扬眉留下珍贵合影

陈锦棠一直保留着大量的前线珍贵照片，这是当时军中摄影师拍摄后赠送给他的，有很多飞虎队战友的留影，也有跟中国军人、百姓的合影。其中有一张拍摄于湖北恩施，相片中除了陈锦棠、廖宏达、英和三个华人士兵，前排中间的女孩是叶挺的女儿叶扬眉。

“那天我们在恩施街上见到一个讲着广东话的可爱小姑娘在看《乱世佳人》，就很好奇地去跟这位小老乡聊天，很意外地知道了她的身份。”接触几次以后，陈锦棠和叶扬眉兄妹成了好朋友，还利用飞虎队的身份两次探访叶家，并写报道发回纽约华侨衣馆联合会创办的《美洲华侨日报》，借此海内外人士才知道叶将军幽禁在恩施的情况，当时叶家人只有叶扬眉因年龄较小可以自由活动。

陈锦棠摄于贵州清镇机场。林旭娜翻拍

在这张合影背面，笔者见到了三个士兵和叶扬眉的签名。抗战胜利后，叶挺一家在飞回延安途中不幸发生空难，全家牺牲，陈锦棠看报纸知道这个消息，十分悲痛。

1945 年 8 月 15 日，日军投降。当时陈锦棠在上海，看到街头戴着萝卜帽走动的日本兵逐渐减少了。抗战胜利后，他回到美国，利用复员军人的福利，进入农学院读书，准备毕业后回中国，帮助振兴中国当时落后的农业。不料后来中美断交，一直到几十年后陈锦棠才有机会再次踏上故国土地。

儿时的陈锦棠和母亲。林旭娜翻拍于陈锦棠纽约家中

少年时期，还在香港读初中的陈锦棠，被老师布置写一篇《抗战胜利》的作文，他因此第一次读到了毛泽东的《论持久战》，那时，年轻的陈锦棠已经坚信，中国一定会胜利。

2015年是世界反法西斯战争胜利70周年，中国向当年曾为祖（籍）国抗日作战的华侨华人军人颁奖，并邀他们前往北京观礼访问。因年纪问题，陈锦棠等只能在美国接受中国驻纽约总领事馆代颁的勋章。

陈锦棠92岁时，还能在纽约车流不息的街头上开着车穿梭自如。他一直住在美国纽约家中，安享晚年，有时和衣联会的老同事到唐人街喝早茶闲聊，或者和大自己5岁的飞虎队汽车兵李群相约到华裔退伍军人协会聊天，直到后来以98岁高龄逝世。

采访陈锦棠，令人最为动容的是他自始至终对战争的批判。

在战争电影中，我们无数次看过相似的画面：一天前还活蹦乱跳的青年，因为一粒指甲大的子弹，瞬间破碎。烈火中，城市变成废墟和坟场。无尽的死亡、贫苦、痛苦，文明的陨落，深不见底的泥潭，成为生者的噩梦。

越是深入抗战题材的采访，我们越是清晰地看到战争的残酷和无奈。这让人回望历史时，即使是胜利者也心情沉重。正如飞虎队纪念亭的建立，不光为了记载那光辉感人的一页，也为了哀悼那无法挽回的青春和牺牲。

黄添

下篇

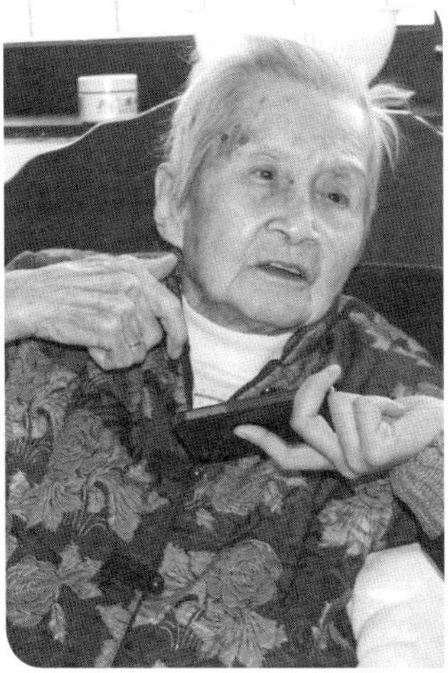

黄添

白头说当年：花季从军

黄添出生于惠州，深受父亲疼爱。全面抗战爆发时，她正上高一，与同学在广州岭南大学接受军事训练，广州形势告急，她们决定随部队北上，随后并入黄埔军校第三分校。黄埔军校招收女生的历史性决定，使她们成为中国历史上第一批有正式建制的女兵，而黄埔军校也成为世界上第一所有女兵正式建制的军校，比美国西点军校还早了50年。

人物名片

庆祝黄埔军校建校 71 周年纪念会。受访者提供

黄添（1921—2019），出生于广东惠州，毕业于黄埔军校第三分校 16 期。黄埔军校在大陆的 23 期中有 4 期招收过女学员，约 800 名巾帼从这里毕业，踏上卫国战场，为中华民族解放做出了特殊的贡献。

从深闺小姐、校园女生或足不出户的居家太太，到穿上军装，接受艰苦军事训练，成为战地玫瑰——黄埔军校招收女生的历史性决定，使她们成为中国历史上第一批有正式建制的女兵，而黄埔军校也成为世界上第一所有女兵正式建制的军校，比美国西点军校还早了 50 年。

从 1926 年在武汉成立分校，到 1949 年，黄埔军校在大陆招收的女兵共有 4 期，毕业的女学员约 800 名，有的成为军中将帅，有的成了著名抗日英雄。2013 年，笔者专访了还生活在广东的四位黄埔女兵。

她们中，最年轻的李润卿时年 89 岁，毕业于黄埔军校第七分校 15 期，黄添、钟妙芳、许桂兰都在 92 岁上下，同毕业于黄埔军校第三分校 16 期。

2013 年 3 月，笔者在广东省黄埔军校同学会和广东省革命历史博物馆工作人员的陪同下分别看望了这几位老人，并独家采访了她们。

女兵中广东女师同学最多

“在军校我们和男兵没什么区别，一早出操训练，下午练步枪、手枪，开汽车，学无线电，半夜紧急集合，急行军，小腿上绑着沙袋走，女兵们都士气高涨。”

“潼关是日本鬼子重点封锁的地方，整天用炮轰啊，火车过不来。内地的东西运不到西安，我们全都要挨饿，但日本鬼子在后面赶着，几百里路也得赶，背着背包，一路风啊雪啊雨啊，被子衣服都湿了。饿了、渴了就把冰砸开吮吸几口，在脸上抹抹就算洗脸，最好也只吃点小米粥。”

“有一次一百多架飞机过来轰炸，整个黑压压的没有地方躲，我跟一个女同学躲在战壕旁边，炸弹刚好在旁边炸起来，把我们两个掩埋住了。清点人数的时候少了我们两个，他们找半天才找到我们。”

“有个毕业生通信处，前线哪个黄埔军校毕业生死了、受伤了，知道的人就写信到通信处，当时统计，炸死了很多同学。”

口述黄埔往事，白发苍苍的老人仿佛重回艰难的抗战时光，那段特殊的历史，在他们的描述中也渐渐鲜活起来。可惜的是，因为年龄原因，尽管精神不错，一些老人能记起的往事已经有限。

1921 年，黄添出生于惠州。作为家中最小的孩子，而且是唯一的女孩，黄添深受父亲疼爱，“添”字意为添上一个掌上明珠。父亲经营一家“万昌盛粮油铺”，她记得当时父亲店里卖的花生油生意很好，家中经济宽裕。在那个女生没什么机会读书的时代，黄添读完 3 年惠阳女师后，又在班主任的鼓励下继续读高中。

全面抗战爆发时，黄添正上高一，与同班同学在广州岭南大学接受军事训练。

正常时期，学生军训结束后，一般有几种选择，即升读大学、入军校、考入地方政府做公务员或者回家。但在黄添她们军训一个多月时，广州形势告急，于是她们决定随部队北上。到江西吉安后，她考入第三战时工作干部训练团，随后上级下令整改，第三战干团学员并入黄埔军校第三分校。

对于自己投奔军校的过程李润卿也记忆犹新。

“十三四岁的时候，我在安庆读书，刚上初中，日本鬼子快打到上海了，还没到安徽，眼看很快就会顺长江打到安庆。后来敌机开始轰炸得很厉害，我坐难民车回阜阳已经找不到人了，很多人家屋塌人亡，很惨，到处都是血。没有死的就在那里痛叫，死的就躺在大街上马路上。”李润卿回忆，十七军团学生队正好在招生，她就报了名，随军往还未受轰炸的西北方向走，一直到西安。

“女生队原来有200多人，男生更多，原来和很多同学都有通信，现在老了都没有联系了。”李润卿感叹。

钟妙芳记得，离家报考军校时，家里是不同意的。她和外祖母家在江门，在马来西亚做工的母亲获知消息，写信要她马上回去，她不肯。

“有广州同学家里不让去，从天窗爬出来，还有人绝食，很坚决。我们参加集训、离开广州都是自己决定。我没什么贡献，当时的选择全凭一腔救国热情。”老人动情地说。

广州沦陷前，广东高中以上学生全体组织军训3个月，当时，广东省女师、惠阳女师等学校学生都参加了集训，钟妙芳与许桂兰即同为广东省女师的学生，而黄添毕业于惠阳女师。

钟妙芳说，女兵中，广东省女师同学最多。“女生团三个中队有300多人，来自全国各地，第二中队108个女生全是广东省的各所女师学生。”

开始时，女兵们每天进行基本操练，一个多月后因为轰炸又迁徙到江西于都，这时，她们负责的任务主要是民众教育、战地救护、群众宣传等。半年后，女兵们被分为三个中队，民运工作、军事、救护都要学。

“毕业前半年并入黄埔军校第三分校，到年底就毕业了，正校地址在瑞金。”钟妙芳说，毕业典礼很隆重，大家都获得黄埔军校的毕业证书，当时第三分校校长到会场鼓励大家。

李润卿则记得，第七分校15期的女同学来自安徽、浙江、四川、东北等全国各地，有大城市的学生，也有县城、农村的。

训练了一年就开到前方，因为时间紧迫训练不足，战死在前方的男生很多。

“等鬼子投降了我们再结婚”

1924年，黄埔军校成立后，周恩来、蒋先云等主持的《中国军人》杂志就提出了女子从军的问题，杂志刊登的一篇文章认为，女子平权是世界潮流，应该真枪实弹争取这一权利。

黄埔军校里，古老中国的女子也穿上军装了，与男兵一样开始接受正规训练。

“男女都要剪成一样的头，一开始，有娇娇小姐受不了，也有人暗暗流眼泪，但很快就习惯了，只要你明白自己为什么来的，就不觉得辛苦。”钟妙芳说出了女兵们的心声。很快，女兵们投入到艰苦的训练中。

据黄添回忆，战时干部训练团有两个女生队，她和广州的许桂兰和陈秋魂被分配到二中队，有两个指导员，一个姓孟，教唱抗日歌，另一个姓史，教画画。

每天上午是军事训练课，下午则是文化课，每天晚上还要夜行军，每人发一双草鞋，每个人小腿上绑着沙袋。“那时还年轻，不觉得辛苦。”黄添说。

在军校期间，唯一一件让黄添难过的事情是收到哥哥报丧的信，她68岁的父亲去世了。

“父亲最疼爱我，外人说黄添这个名字很俗，他就叫我作子青。”身在军营的她无法送父亲最后一程。

“军校毕业后，我们108个女生分配到广东韶关第四战区政治部见习，我和3个男同学、5个女同学先后被分配到江北第三、第五两个补充兵团，见习的任务是训练壮丁搞民运工作，给他们上政治课，鼓励他们锻炼好身体，他们什么都不会，衣服烂了也不会补，我们就给补好，好让他们做好上前线打日本鬼子的准备。”钟妙芳介绍，除了面对士兵，她们还给附近老百姓做民运工作，也上街头演讲、演戏，讲国家的形势和日军的恶行，鼓励他们拥军。

“晚上站岗，是女生最难过的一关。”钟妙芳说，两个女生一班，拿着步枪，站两个小时，必要的时候可以开枪，荒山野岭，乌天黑地，需要十分谨慎。

见习结束后，钟妙芳被派往连县广东省第二儿童教养院，该院由时任广东省省长许汉文的夫人胡淑芳创办，学生都是从沦陷区抢救回来的难童，大家凭着一股子热情坚持着。

李润卿记得，刚到西安时，因为没有地方安插，她们被送到西安战时工作干部训练团第四团，该团负责训练战时工作所需要的学生。在西安只过了一晚，她们又一起转到凤翔县，一两个星期后，大家领到军装、军帽，正式成为黄埔学生。

校里设无线电科、步科、艺术科等，李润卿参加了步科。

“因为家乡都给日本鬼子占了，我们想参加步科学些作战技术，在打仗时能派上用场，因此大家都志气很旺，最希望到前线打日本鬼子。”据她回忆，步科要进行步兵操典、射击训练，还要进行实地军事演习等，除此，还要学习开车、骑马和军事理论。“我现在还清楚记得汽车的四个挡。”

西北空地很多，大家把地铲平就是大操场。李润卿和女兵们上课和居住都在一个残破的孔庙里，庙有房顶但三面没有墙壁，大家都挤睡在有墙的一边，人多地方小，地下用砖头围了一下，有两三块砖头高，底下放稻草，每人发一床破军毯。有时候，一翻身稻草就没有了，直接睡在地上，半截墙坏了也没人修理，风一吹雪花就落在身上，底下就是泥巴地，很湿。因为那段岁月，她们几乎都在后来患上了严重的风湿病。

夏天，她们有两件单衣，冬天穿棉衣棉裤，一年发一次。每月发两三块钱，只够买点草纸，这还是好的时候，轰炸厉害的时候，就什么都没有。

“但是有志气的女青年都说，等日本鬼子投降了我们再结婚，再找出路。那时候我也就 20 多岁。”李润卿告诉笔者，虽然苦，但大家心里都很强大。

她们吃饭的时候，也没有桌子，大家都蹲在地上吃饭，一盆菜 10 个人，围在一起吃，军队限制在 10 分钟内吃完，没有荤菜。

“吃了一年的小米粥，连馒头都没有，但也要坚持操练。”李润卿说，但大家还是把发的军毯都叠得整整齐齐的，跟刀切的一样，很重视内务，军纪很好。

李润卿记得，蒋介石到过第七分校，在一个大操场上，每个人带着自己的步枪，坐在操场上等，三四个小时后，蒋介石才到，讲话鼓励学生到前方去。

战火中被炸飞的泥土掩埋

黄埔女兵虽然人数不多，但在训练中不让须眉，在战场上也从不退缩，她们中的不少人，后来成为不朽的英烈。

据黄埔军校同学会提供的资料，曾宪植、危拱之、张瑞华、游曦等黄埔女兵参加了广州起义、海陆丰起义，有的还参加了红军长征。抗日英雄赵一曼毕业于武汉分校，是黄埔最早的女兵。

接受笔者采访的几位女兵，尽管没有经历过轰轰烈烈的战役，然而，她们在战火纷飞中所承受和见证的历史，同样值得后人记述。

“打倒列强，打倒列强，除军阀，除军阀，努力国民革命，努力国民革命，齐奋斗，齐奋斗。”92 岁的黄添唱起了军校时耳熟能详的歌曲。

钟妙芳记得，离开广州往北走时像逃难一样，坐的是装煤的露天火车，一个口盅，既用来吃饭，也用来大小便和当脸盆，走了几天才到韶关坪石，然后往连县，最后才到吉安、于都。

战时的不易，在老人平静的叙述中，慢慢展开。

李润卿介绍，潼关是日本鬼子重点封锁的地方，整天用炮轰，内地的东西运不到西安，没得吃但照样还要出操、夜行军。快的时候要跑步，背着枪和子弹跑，“那时候训练得身体很好，没有什么人生病”。

有一次，日本鬼子在后面赶，老百姓告诉她们距离敌军有 30 来里路，几百人要赶快跑，那些年龄小的同学跑不动，就死在路上，部队也管不了。一直赶了几百里路，整整一天没有东西吃，一路风啊，雪啊，雨啊也不管了，夜晚到老百姓的村庄，就要火烤一烤，睡一下，第二天接着走，小腿肿得比碗口粗。如果不这样跑，几百个学生兵都会当俘虏。

密集的轰炸中，李润卿失去了很多同学，自己也好几次差点被炸死。让她记忆最深的是一次大轰炸。

“有 100 多架飞机在西安上空盘旋，侦察机打头阵，轰炸机在后面，看到人多就炸，人少就用机关枪扫射。”李润卿和另一个同学躲在自己和战友挖的战壕里，有个隐蔽处可以躲两个人，飞机扔下的炸弹刚好在旁边，轰隆一声，两个人都被炸飞的泥土掩埋住了。

“我们都以为自己死了。”李润卿说，轰炸结束后部队检查人数发现少了两个，才找到她们，找到时鼻子都出不了气了。

李润卿。林旭娜 摄

许桂兰。林旭娜 摄

钟妙芳。林旭娜 摄

当时，除了日本兵的威胁，还有不少汉奸。李润卿介绍，这些人会在有军人的楼房周边铺上红布，用来指示目标，让日军对着轰炸。

日本的侦察机在上面“嗡嗡嗡”飞着，偶尔用机关枪扫射，李润卿和同学两人一组，跑上去把红布拉下来，还围堵挂红布的汉奸。

“每天都没有一个安定地方，没一顿安稳饭吃，呜呜的警报不停响着，日本鬼子的飞机天天在上空盘旋。有一次日本鬼子的飞机飞得很低，我还看到那个飞行员在笑。”李润卿说。

抗战结束时，很多女兵回家，房子、父母都不在了，连尸体也不知道在哪。

归于平静，成为教师

历经战火纷飞的岁月和坎坷的人生后，几位暮年的黄埔老兵，终于在晚年过上了平静、安稳的生活。

巧合的是，四位老人后来都成了教师。许桂兰 1951 年至 1976 年一直在广州市惠福西路第二小学任教；钟妙芳 1951 年至 1980 年在白云小学当老师；黄添则在惠州市多家小学任教过，一直到 1977 年从惠州市第四小学退休，桃李满天下；李润卿是铁路幼儿园教师，“文革”时被下放到饭堂劳动，一直到 1977 年退休。

“抗战胜利之后我就失业了，解放后，我登记失业集训学习班，学习完派到广州市白云小学。”钟妙芳对学生、家长很好，退休后还常常有学生探望，陪她打麻将、请她吃饭。她的 5 个儿女也都家庭幸福，事业有成。

1946 年，黄添嫁给了一位老师，当时一共 5 对新人参加集体婚礼，主婚人是抗日名将李汉魂的夫人吴菊芳。

婚后黄添离开部队，“文革”时，红卫兵到家里抄家，搜出了一张她在军校时拍的骑马照。但由于婚后不再参加军队活动，加之抗战时期简历清晰，她受到的冲击不大。而她的丈夫则被划为“右派”，在青海劳教的过程中去世，当时她才39岁，经受了人生最大的考验和折磨。

“我经历了好多困难的时日。现在我老了，由我的儿子照顾着。”黄添说，她的孩子都成为老师，儿子、儿媳很孝顺，所以她身体很好。每个月最后一个周五，后辈都会陪她参加惠州市黄埔同学聚会。

广东省黄埔军校同学会副会长、黄埔军校同学会惠州市联络组组长魏成介绍，20年前刚开始组织活动时，参加活动的黄埔毕业生最多时有80余人，到2013年，能参加活动的只有五六个。

李润卿回忆，战争快结束了，她有个心愿还没有实现。“那时跟家里已经没有联系了，谁死谁活都不知道，不踏实，就想办法找出路。”李润卿很喜欢唱歌，就对着西安护城河练嗓子，练了一年多，单位知道了，就说你们这批人战争结束还是有用处的，将来还要留下，她没有放弃，继续练，考上了西北音乐学院。

“战区学生读书不要钱，管吃管穿，读了三年，我就憧憬，老了之后可以弹钢琴唱歌谋个生活。”李润卿至老犹记得年轻时的向往。

1949年随丈夫到广州时，李润卿并不知道这里有黄埔同学会，直到三四年后，她一个在西安的同学写信给广州黄埔同学会，向他们介绍了李润卿，她终于在广州找到“组织”。

“第一次到长洲岛参观黄埔军校，我可开心、可激动了！”

李润卿说，此前她一直跟在大陆各地和台湾的一些同学通信，前几年台湾的同学还回来了，这几年大家年龄大了身体不好，也就没有联系了。“抗战时坚守在西安的，基本上都牺牲了。”

黄添的儿子黄建中告诉笔者，老人于 2019 年在家中安然离世。

谢一宁

下篇

谢一宁

美国华媒大哥之殇

小时候生活在广东潮州的谢一宁，面对的是连电灯都没有的现实，而陪他勤读并考上中国人民大学新闻系的，是一根蜡烛和一盏芯油灯。早在他20岁出头的时候，他已经意识到，信息时代中的传媒人，将会面临不一样的挑战，也会拥有不一样的空间和机遇。外派美国时，谢一宁选择创办一份新的媒体，恰逢其时地竖起“中国大陆报道权威”的旗帜。

人物名片

谢一宁在中国人民大学新闻系78级毕业纪念册上的留影

谢一宁（1960—2018），出生于广东潮州，1982年毕业于中国人民大学新闻系，毕业后进入中国新闻社任记者，曾多次参与奥运会等大型事件报道。1984年，其作品《李宁笑答外国记者》获全国好新闻奖一等奖。1984年至1987年进入上海外国语大学国际新闻专业学习，硕士毕业后外派为驻美国首席记者。在中国被西方孤立、世界缺少中国声音的特殊年代，谢一宁与几位华人创办美国《侨报》，尽可能在中国报道中发出客观理性声音。

2018年，当地时间11月16日上午，美国著名华文媒体《侨报》加州办公大厦内发生枪击案，美国《侨报》董事长、美国格律文化传媒集团总裁谢一宁身中六枪不幸身亡，时年58岁。

谢一宁作为华文媒体的风云人物，投身新闻界36载，将《侨报》打造为全球华文传媒的一面旗帜，其新闻激情、开拓能力和直言直语在业界享有盛誉。

不幸的消息迅速传遍国内外，认识谢一宁的人无不震惊扼腕，不认识者则纷纷猜测缘由。

命案次日，中国驻洛杉矶总领事馆发布声明，对谢一宁在枪击案中不幸遇难表示深切哀悼，并向谢一宁家属及美国《侨报》全体员工表示诚挚慰问。

谢一宁的大学同班同学、著名媒体人胡舒立说，谢一宁人去了，关于他的生命的大故事刚刚开卷……

因南方日报社与美国《侨报》自2010年4月1日开始有正式合作并延续多年，2010年至2015年，笔者因一些业务工作与他电邮联络很多，他的回复往往十分及时，态度谦和，亲切干脆，言之有物。

2012年4月、2013年2月，笔者两次专访过谢一宁，其中一次是工作稿件；另一次是稿件发表后，在广东引起一定反响，广东潮人海外联谊会会刊《时代潮人》社长李益伦先生（南方周末原副主编）问我能否再写一篇谢一宁的人物稿，我即刻与谢一宁联系，他很快回复电邮："我谈对广东的一些认识，是希望引起社会对进一步改革的共鸣以及决策者对进一步改革的关注。至于我个人，真的没什么好谈的。如果从乡亲的角度一定要谈谈，我下月会拜访贵报，商定两报合作事宜，可否届时咱们再见见？"

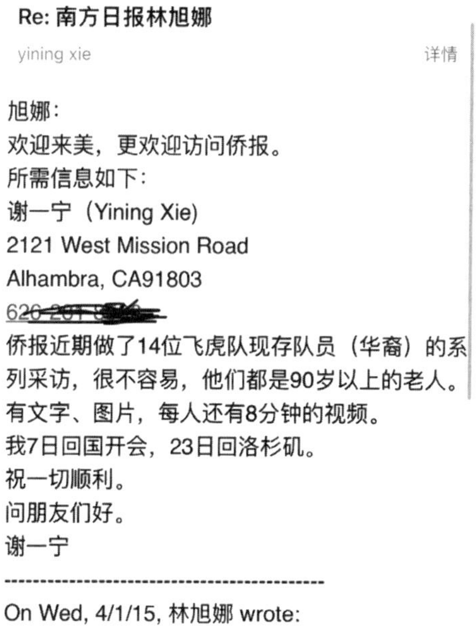

Re: 南方日报林旭娜

yining xie 详情

旭娜:
欢迎来美，更欢迎访问侨报。
所需信息如下:
谢一宁（Yining Xie)
2121 West Mission Road
Alhambra, CA91803
[redacted]
侨报近期做了14位飞虎队现存队员（华裔）的系列采访，很不容易，他们都是90岁以上的老人。
有文字、图片，每人还有8分钟的视频。
我7日回国开会，23日回洛杉矶。
祝一切顺利。
问朋友们好。
谢一宁

On Wed, 4/1/15, 林旭娜 wrote:

本书作者与谢一宁邮件往来截图

从他去世后外界的公开信息看，谢一宁一生的确几乎没有接受过多少涉及个人的采访。意料不到的是，多年后国内社交媒体上很多人转发笔者当年写的这篇文章，却是因为枪击案。

“一马平川”的人生

谢一宁曾说：“我们这代人是幸运的：以时间为纵线，我们身经‘文革’到改革开放，体验社会遽变和进步的痛与乐；以空间为横线看，我们身处东西方之间，观察两种社会形态的优与劣。”

1960 年，谢一宁出生于广东潮州，1978 年考入中国人民大学新闻系，同学们喜欢叫他“小广东”。他性格十分开朗，还加入了学校田径队，可能因为喜欢体育，谢一宁进入中国新闻社任记者，一开始跑的是体育线。

人大毕业，央媒工作，谢一宁是那个年代最为正牌的媒体人无疑。1984 年之后，他曾经多次参与奥运会、亚运会等大型事件的采访工作。1984 年，其新闻作品《李宁笑答外国记者》等获得全国好新闻奖（后改名中国新闻奖）一等奖。

关于这篇新闻的获奖，他曾告诉笔者，最主要是因为当时对什么是新闻已经有了自己的想法。1984 年，洛杉矶奥运会即将召开，李宁将赴美参加奥运会，那是中国十年动荡后第一次组团参加奥运会，官方组织了庞大的代表队并开了一个记者会，对于记者会的信息，谢一宁很清楚，这些内容其实早已经众所周知。

“使我感兴趣的是体育明星李宁，他当时一直在和记者聊天，讲自己每天早上吃什么呀，每天怎么锻炼身体呀，恋爱的情况呀，是自己洗衣服还是有女朋友帮他洗呀，一个月领多少钱呀。在中国有很多东西是很神秘的，包括运动员、政治人物等等，听了李宁的话，我认为这才是表现一个运动员内心世界的东西。所以，我放弃了所有资料性的东西专心写了一篇《李宁笑答外国记者》。”正是这篇 800 多字的稿子，让他的报道在同题会议新闻中别具一格。

出事之前，谢一宁的人生看起来犹如一马平川：中国恢复高考第二年，刚从体校毕业的他找了两本书复习，便“轻描淡写”地考上中国人民大学。从新闻系毕业，走上工作岗位没多久，23 岁的谢一宁又把全国好新闻奖一等奖收入囊中。

1987 年 4 月，被中新社派驻美国华盛顿时，他才 26 岁，在他的自述文章《读新闻我就可以说实话》中，他介绍自己出国之前曾经受过两年的国际新闻和英文训练，然后才到美国，

记者谢一宁

是当时中国外派记者中最年轻的一位。

几年后，他决定辞职，与合作者在美国创办一份专门报道中国的《侨报》，在那个特殊的年代，他做到了别人做不到的事。这是谢一宁30岁前的选择，也是他的成就。

后来，在其经营之下，美国《侨报》已经是拥有日报、周报、中文网站、英文网站，并在全美15个华人聚居的城市设有发行点的全国性媒体集团，并且拥有自己十分气派的报业大楼。本来洛杉矶的《侨报》新大楼是要在2019年搬进去的，他自己竟然看不到了。

可见，所谓“一马平川”背后，谢一宁承受着不为人知的惊险和遗憾。

采访蒋纬国引起轰动

刚到美国时，谢一宁有一个正式的头衔：中新社驻美国特派员。在华盛顿，拿着白宫核发的记者证，谢一宁度过了多年在白宫追问的日子。里根和布什当选美国总统时，谢一宁都在华盛顿当白宫记者。

谢一宁在自述文章中的一段文字，深刻地反映了他作为外派记者的独到心得："中国派驻国外的记者最重要的是要了解所在国的政治、经济和社会各方面的问题。在需要了解的这三方面中，政治和经济其实都比较好了解，难的是你要对你所接触的这个社会、这些人进行了解。我到美国已经快10年了，但我知道自己对美国的很多东西还不是特别了解。那么，如果你不能融入到这个社会中的话，你的工作就不能做得比别人好。而且，作为一个驻外记者，工作对你还有另外一面的要求，那就是你对自己国家这边的事情掌握多少？也就是说你对自己本国的政策和国情是不是也真正掌握了。你所做的事情是要把国外的东西介绍到国内去，那么你必须介绍得明了，同时又要符合中国的国情。"

在这一段职业生涯中，他印象最深的一次采访，对方是当时台湾政坛的著名人物、台湾"总统府资政"蒋纬国。

"我的这次采访在当时曾经相当的轰动。在这次采访中，蒋纬国第一次说他赞成邓小平搞有中国特色的社会主义，同时他表示自己非常尊重邓小平，自己对于中国大陆改革开放的成绩非常认同。"谢一宁回忆。

他坦言，这次采访本来是一件不会出现的事情，之所以最后出现了，跟他的新闻理念有关。"许多说起来我不应该参加的场合我都有所参加，我觉得这对一个记者来说是有好处的。"

实际上，因为当时的政治形势，蒋纬国本人接受一位中国大陆记者的采访，本身就极具新闻效应，更何况他一下子讲了这么多有价值的信息，所以采访见报后动静很大。当蒋纬国到达纽约，大量的记者抓住他不放，希望他能亲口证实是否确有其事。"最后这件事甚至闹到了台湾的'立法院'，有人叫嚷要禁止蒋纬国踏进台湾。"谢一宁说。

如果谢一宁是个“老古板”，或者拘泥于形式，这条新闻必定和他失之交臂。

在美西的台湾人为到访的蒋纬国举行的酒会上，当大家见到被视为带有红色背景的美国《侨报》美西版总裁谢一宁时，所有人都大吃一惊。在当时的政治背景下，这样的举动算得上是个异数。但年轻的谢一宁觉得非参加不可，蒋纬国的特殊身份自不必说，其学识才华谢一宁也多有耳闻。一条大新闻就这样慢慢酝酿着。正是在这个酒会上，谢一宁被朋友介绍给蒋纬国认识，并争取到第二天采访他的机会。

在一个多小时的采访中，蒋纬国谈兴甚浓，提到了许多受关注的话题。

“尽管我们各自都有自己的理由和是非，但这次访问无疑是非常成功的。”谢一宁自信地告诉笔者。

在华盛顿当驻美记者的许多年里，谢一宁主要负责发布与中国有关的重大美国新闻，这些新闻多数和美国白宫及国务院有关。此外，他十分关注美国移民问题、当地的华人新闻，如华人在美发展情况和一些对华人群体有重大影响的华人大型社团年会等。其间，他做过不少调查，包括披露布什政府共任命了多少位华裔担任联邦政府官员的报道。

“没有人给我布置发稿任务，没有人对我有具体的要求或监督，所以自我要求非常重要。”谢一宁感慨，一个驻外记者，对两国了解的深入程度，决定你工作的成功程度，因为对外报道和驻外报道，实际上是多方对话的工作。在这一点上，他无疑是成功的。

他的床头有几本常年必备的书，其中有《论语精读》，也有唐诗宋词，这些书，他翻了又翻，做的笔记重重叠叠，书都翻破了。旅行中，他也必定带着书。

一个记者的立场应该是超然的

在谢一宁完成过的“不可能的新闻”中，对蒋纬国的采访不算特例，能够做到这样，与他的新闻理念是分不开的。

“我一直认为，一个记者的立场应该是超然的。因此在海外多年，许多说起来我不应该参加的场合我都有所参加，我觉得这对一个记者来说是有好处的。”

斯斯文文却讲话一针见血的谢一宁这样分析自己的成绩：“我年轻时一直思考，像我这样一个没什么家庭背景，书读得也不比别人多多少、成绩也不比别人好的人，为什么会发展得快一些？后来，我明白，幸好自己身处开放的环境和开明的媒体，而我又坚持了自己的新闻理念，有十分的能量就写出十分，相比在国内，这有先天优势。”

谢一宁还记得在中国人民大学上学时的同班同学胡舒立，这位当今中国新闻界的知名人物，在大学时便意识到中国的新闻教育存在僵化的弊病。在谢一宁的印象中，胡舒立很少去上课，整天抱着英文书不放。谢一宁没有说自己当时是怎么做的，但他无疑是认同胡舒立的。

早在他 20 岁出头的时候，他已经意识到，信息时代中的传媒人，将会面临不一样的挑战，也会拥有不一样的空间和机遇。

他在 1984 年、1986 年连续两次拿到全国好新闻奖一等奖后，刚好中国出了一部叫《新闻的幕后——百名记者的自白》的书。书中也介绍到他，他写的文章叫《记者的悲哀》，与其他的自述文章显得有些格格不入。

小时候生活在广东潮州的谢一宁，面对的是连电灯都没有的现实，而陪他勤读并考上名牌大学的，是一根蜡烛和一盏芯油灯。

“当十七八岁的我就着蜡烛读书的时候，报上所写的全是我完全看不到的‘莺歌燕舞’，也正是现实和新闻的反差，让我有了考上新闻系的决心。”在年轻的谢一宁心里，上新闻系、讲实话成了他灯下苦读的理由。

创办《侨报》 办公室曾遭枪击

1990 年，对谢一宁的人生而言，是特殊的一年，而这一年对后来的海外华文媒体格局也多少产生了影响。在旧金山，到美国第四年的潮州青年谢一宁以知名年轻记者的身份迅速完成转身，辞去中新社驻美记者职位的同时，他与几个志同道合的华人一起在纽约创办了《侨报》。

谢一宁开拓事业的过程，也面临着许多风险。报纸刚创办的时候，就有人打电话威胁要打他，还有人放言，某天他会在走出电梯时被杀。为了创办这份报纸，他家里被人砸过，在洛杉矶的办公楼甚至遭人枪击，警察上门侦查时，子弹还留在墙上。刚搬进新办公楼时，短短一段时间里，《侨报》员工被人故意打砸的车子竟有 10 多辆。

然而，正是《侨报》这支新军恰逢其时地竖起了“中国大陆报道权威”的旗帜。谢一宁说，你不讲中国故事，别人会讲；你不把它讲清楚，有敌意的、不了解、了解不深刻的人就会瞎讲，最后以讹传讹，中国与世界的鸿沟就会愈来愈大。事实证明，美国社会需要这样的报道。

在纽约创报后，短短几年间，《侨报》就于 1992 年在旧金山、1994 年在洛杉矶等三个华人最集中的城市，实现了同时印

侨报 今日广东 7

南方报业传媒集团

今日廣東

新会三千义冢 苦等保护方案

三片特色义冢

三成是无名氏

荒山古冢 诉说华工血泪

挖土机在蚕食

土崩水淹惊扰

侨报 今日广东 7

南方报业传媒集团

今日廣東

大吴泥塑：双手变风云

吴光让：一生游弋泥偶之间

笔者发表于美国《侨报》上的文章

刷，成为真正意义上的全美日报，发行范围覆盖了14个华人最多的城市，发行量达10万份。

随着中国的崛起和国际话语权的提升，中国新闻成为世界上所有大型媒体无法回避的报道热点。2002年，紧扣时代节拍的谢一宁把《侨报》改为简体字，成为美国目前唯一一家采用简体字、唯一在北京设立新闻中心的中文日报。2012年，《侨报》仅在国内制作的新闻版面每天就达20个。

20多年来，通过报道和举办各种活动，《侨报》逐渐获得了美国华文读者的喜爱，而谢一宁仍然坚持着创报之初定下的理念：“第一，不允许我的报纸出现分裂中国的言行。我对总编辑的要求是如果有涉及分裂祖国的报道你要告知我，我的报纸反对这些。第二，如果涉及反映中国社会阴暗面的报道，《侨报》的记者要进行深入的调查，看看是否真实。翻开《侨报》，你会看到很多反映中国落后地方的报道。通过我们的报道，反映了事件的真相，也澄清了一些报纸的不实报道。我赞成新闻的社会责任感，这是我10多年前就信仰的一个理念。除此之外，我没有第三条设限。”

每年回潮州被赞“二十五孝”

离开家乡30余年，走过世界各地，谢一宁却仍是一口浓厚的潮音。一直到去世，他仍保持每天空腹喝一壶工夫茶的习惯，同他的父亲一样，他只喜欢喝凤凰单丛。同时，他还尤其喜欢抽烟斗和雪茄，是一个热爱生活的人。

每次回潮州探亲，他喜欢坐上三轮车，边徐徐前行，边和车夫聊天，这么多年没人听得出来他是从国外回来的。

在新闻理念上非常国际化的谢一宁，内心却十分传统，保留着很深的家庭观念。到美国工作后，他仍每年回潮州三四次看望双亲，反而比在国内工作的哥哥姐姐回得还勤。朋友说，只要回国，他一定找各种理由先回老家看望父母。在亲人朋友中，谢一宁的孝顺是出了名的，有亲戚甚至给他封了个号叫“二十五孝”。而且，他的“传统”似乎还影响到了他的日常工作、交流习惯，很多年里，他一直不用微信，坚持用邮件通信。

“孔子说，父母在，不远游。好在还有一句：游必有方。为了开拓、守住一方事业，不得不远游，我的内心对父母有愧。”父亲的突然去世给谢一宁留下了无限哀伤和遗憾。

“表面看，我的人生似乎是一帆风顺的，事业也没有遇到过什么了不起的困难。但必然的，在其他方面会有遗憾，比如父亲一下子就走了。在失去亲人的时候，我对人生的价值有了很深的反思。”

伤心中，在老家的屋里，游子写下一首《青玉案·清明》：

杨絮柳烟风山雾，冥纸飘，断肠处。旧栖新垅相对苦，哀思茫茫，凄泪几许？且看清明雨。

华章炼成谁与叙？香茗煮就捧无主。衣锦归来空换取：南屋空余，北堂肃穆，龛炉香一炷。

我找到 2015 年 4 月 2 日谢一宁答复我的一封电邮，他说：“7 日抵京。要到浙江几个地方走走。约 15 日到潮州陪陪妈妈，约一星期。飞虎队报道尚未推出。”如此孝顺的谢一宁，不敢想象他如何承受得了自己被枪击的变故，将给母亲和亲人多大的打击？

2013 年 4 月 19 日，美国得克萨斯州一化肥厂发生爆炸，死伤惨重，我第一时间联系谢一宁，询问是否能给我们提供《侨报》的全部图文。他马上回电邮：“我人在国内。请速与本报总编辑刘晓东联系。孙爱群（时任南方日报社社委，现任羊城晚报社副社长）知道他的联系办法。”如今读来，潸然泪下。

廖乐年

下篇

廖乐年

声教自四海至岭东

当发现两个学生常打瞌睡，廖乐年马上去了解真相。第一个学生是因为父母每天凌晨4时就要出发到橡胶园割胶，没吃早餐直接赶来上课；另一个学生因路途遥远，学校规定迟到不能进课堂，每天不得不很早起床。从此每个早晨，廖乐年都给第一个学生准备一杯牛奶、两片面包；他还为第二个学生开出一张校长签名的“迟到”特别通行证，后来又给他买了一辆二手自行车。

人物名片

廖乐年老师在祖屋翠轩公祠里给孩子们上课。张由琼 摄

廖乐年（1946— ），祖籍广东大埔，马来西亚第三代华人，毕业于英国曼彻斯特大学，英语教师。退休后回到祖籍地，以祠堂为教室，从事英语义教20多年，为乡村培养了众多英语人才。

2023 年 5 月，因新冠疫情阔别长教村三年多的廖乐年再次马不停蹄回到故乡，开启他新一年的乡村暑期英语季。

20 多年免费义教英语，来自马来西亚的廖乐年，成为众多山村孩子通往世界的窗户。

从 3 岁的幼儿园孩子，到 40 多岁的中年人，廖乐年坚信学习不怕晚，倾心相授，有教无类。于是，藏在大山深处的岭东梅州大埔长教村，古旧祠堂里，标准的英语声多年来不绝于耳。

为了让学生有好的会话环境，每年暑假，他都请来外教帮忙，其中既有他早年的学生，也有亲戚朋友。最多的一次，长教村来了 40 多位外教。他的姐夫也两次从国外来到长教村支教。

一句客家话藏神奇密码

20 年前，这位客家游子的回家路，充满了戏剧意味。

廖乐年 1946 年出生，是马来西亚的第三代客家人。廖乐年的祖父出生于广东大埔，是家族的长孙，他受父辈托付，带着伯父的两个儿子一起坐船“过番”，在海上漂了几个月后，最终到达大马，1907 年，廖乐年的父亲在当地出生。

爷爷因为开办中医馆，成为南洋富商，这种状况一直维持到廖乐年出生后几年。1911 年，他的祖父在马来西亚创办了华文学校中华中学。

廖乐年的父亲在上海完成高中和大学学业，是复旦大学经济管理系学生。对于精通中英文的父亲，廖乐年一直心生敬仰。

因为父母都在马来西亚出生，已经融入当地社会，所以廖家孩子自小都接受英文教育，廖乐年的哥哥姐姐上过华文学校，都懂中文，但他13岁后就到英国读书，所以是个例外。

廖乐年出生的时候，家里还很富裕，几年后家道中落，他记得，几岁时，叔公从大埔到马来西亚找到爷爷，希望在家乡建一座房子，当时廖家因为和一个英国公司打官司输了，连在老家建房子的钱都拿不出来。这也就是廖乐年多年后回到大埔老家，发现当年叔公建翠轩公祠，左边建完了，右边还没建完的原因。

13岁那年，父亲在睡梦中去世，家庭失去顶梁柱，生计要靠哥哥姐姐上班来维持。

少年丧父的廖乐年在一个国际性教育会馆的帮助下，依靠资助和自己努力申请到的奖学金，认真攻读学业，直到毕业于英国曼彻斯特大学，获文学、教育学学位。

成为一名英文和马文教师后，他始终带着感恩的心，在工作之余免费义教。

2009年，廖乐年正式退休，第二年一整年他都在全球旅游。在美国时，一个朋友听廖乐年说要到非洲义务支教，好奇地问他为什么不考虑回自己的祖籍国。廖乐年为难地说，自己完全不懂中文，回去教学恐怕很难。这位朋友不以为然："你会那么多西方语言，还是华人，中文怎么学不好？我信你。"

在朋友的鼓励下，2011年1月，廖乐年回到马来西亚，开始认认真真思考中国行。"每天我一边打球放松，一边一有机会就想着，不如到中国看看。"

主意打定，廖乐年收拾行囊直飞香港，开始学习普通话。每天白天，热爱运动的他到处转悠，爬遍了香港每一座山。因为当时香港讲普通话的人还不多，廖乐年只好自己看书，同时对着电视练习口语，他很快发现，利用拼音学习能很好掌握发音，短短 3 个月后，已经可以讲不错的汉语。至今他只会拼音，看不懂、不会写汉字。

“我为什么知道我是长教人呢？说起来，倒是一个原本毫不出奇的细节，决定了我的后半生。”廖乐年笑着说出了一个类似“阿里巴巴和四十大盗”的神奇“咒语”。

小时候，母亲经常让他们兄弟姐妹背诵一句“摸不着头脑”的客家话：“广东大埔长教百江德心堂。”1996 年，廖乐年第一次回梅州，办完事后朋友问他老家在哪，他说不知道。华侨大厦的经理问他能否想起什么细节，他就背出了最耳熟能详的那句客家话，经理惊讶地说，这就是地址啊！随后兴奋地把他带回长教村。

“这个颠鬼莫不是特务吧”

刚到村里时，长教村的村民就不客气地送了他一个“雅号”。20 多年前的边远山村，会说英语的人凤毛麟角，免费教英语的人更是没有。这个在村民印象里生活优越、有退休金的外国人，生活习惯和做派和当地人格格不入，村民一开始都不理解，有的甚至出言不逊，直称其为“颠鬼”。

那时大概没人会相信，这个叫廖乐年的外国人竟能在这里乐颠颠地坚持 20 余年。

在长教村的头三年，廖乐年过得非常难，既没有人们想象的浪漫主义色彩，也缺少来自社会和村民的支持，连续不断发生的是令他哭笑不得和难堪的事。

“最好笑的一件事，是当时我在村小学上英语课，有一天校长找到我说：‘你不要教英语了，很多老师反映，现在

廖乐年在上课。张由琼 摄

学生都学英语去了，别的课不投入。’我听了十分无语，心想，学生不喜欢别的课，为什么不反思教学方式或老师的教学水平，却把英语科当成竞争对手？我来这里就是为了教英语，不可能因为学生喜欢学英语反而放弃了。”忆起旧事，廖乐年哑然失笑。

很多学生还记得，廖乐年刚来时，很多人都用异样的眼光打量他，还有的纷纷猜测他是不是特务，他买的电脑在学校里被贼仔偷走，还有些调皮的人趁他不注意，放他电动车、自行车的气，那是他走街串巷上门教学的代步工具。

皮肤黝黑、爱笑乐观的廖乐年却似乎不怎么把这些事放在心上，仍然“我行我素”，挨家挨户教英语，并坚持到长教小学上课。

刚开始学客家话时，廖乐年还常被村民嘲笑，但为了学好，他常常主动和村民聊天，给村民骂了多次之后，廖乐年的客家话也地道起来。英语、客家话和普通话，是他教学的三种语言。

“刚好我来的那一年，学校期末考试，我的学生英语成绩都很好，农村的英语教育差距还是比较大的，村民们意识到我真是个好老师，我的英文也是真英文，心里就信服了。”廖乐年介绍。

廖乐年从事教学的祖屋翠轩公祠里，大的屋子最多可容纳 400 个学生，平时上课的学生在 80 至 100 多之间，学生跨度从幼儿园到高中，这些学生的英语成绩往往比没有上过课的高年级学生好得多，上过课的初中生，往往比其他高中生水平高。“我常常让先来的学生辅导刚来的，一人帮一人，我说我免费教给你的，你要免费教给别人。”

后来走在村里，谁见了廖乐年，都会恭恭敬敬地喊一声“老师”，常常有村民给廖乐年带点好吃的。

廖乐年的学生说，在马来西亚当校长时，他自始至终坚持亲自上课，当他发现两个学生常打瞌睡时，他的处理方法是主动了解原因。第一个学生打瞌睡是因为他的父母每天凌晨 4 时就要出发去橡胶园割胶，他没吃早餐来上课，精神不好才打瞌睡。从此，廖乐年每天早晨都给他准备一杯牛奶和两片面包。另一个学生打瞌睡是因路途遥远，学校规定迟到不能进课堂，所以他每天都要很早起床，廖乐年专门给他开了一张校长签名的特别通行证，后来又给他买了一辆二手自行车。

廖乐年的努力没有白费。以往，离大埔县城七八公里、世代与青山为伴的长教村，能走出一两个大学生是件了不得的事，廖乐年抵达长教村义教 10 周年之时，教过的学生超过

5000 人，村里走出了十多位大学生。

乡村女孩雅思 6 分

多年的职业锻炼，让廖乐年养成了极其严格的时间观念，他不愿意浪费时间，于是除了在长教小学上课，还先后借了五家农民的房子办补习班，每天给孩子们上 4 小时的课，还抽空到不远的莒村培英学校、县城的虎山中学义教，风雨无阻，每次都准时上课。

为了有一个更开阔也更自由的教学场地，廖乐年到处募捐，在早年的学生和社会人士的帮助下，他把翠轩公祠改造成一座现代的英语私塾，甚至专门倒腾出几个房间作为老师和学生宿舍，每年寒暑假都用三四周的时间，办主题补习班。是时，长教村和周边甚至外省的学生几百人济济一堂，以有机会入读为乐，同样，这一切都是免费的。

在廖乐年看来，教育乃天赋人权，没机会接受教育或有机会却无法得到良好教育的孩子是最可怜的。所以，看到村里小孩有兴趣学习，却被父母叫去帮忙干活，或被要求带弟弟妹妹，廖乐年总是充满同情。

“我跟他们说，带着弟弟妹妹也可以来上课，只要不吵闹。所以，有不少才几岁的孩子也来听课，他们还没办法集中精力，也不一定听得懂，但早点接触英语是好的。”廖乐年聊到这开心地说，“最小的学生才 3 岁，也会几首英文歌了。”

难得的是，一些家庭主妇也希望回到课堂，有的为了教育孩子，有的希望重拾学习乐趣，廖乐年通通接收。杨丽娟就是其中之一，她的儿子也是廖乐年的学生，毕业后在顺德工作，2023 年暑假，杨丽娟也开始到翠轩公祠上课。

“我认识廖老师10年了，早就想跟他学英语，可我记性差，总觉得太笨可能学不好，会令老师失望。”杨丽娟接受笔者采访时说。廖乐年了解到她的想法，主动对她说：“不用担心，只要你肯学我就会教你，慢慢学。”杨丽娟坦陈，这个年龄重回课堂需要勇气，是廖乐年的一句话让她鼓起勇气：“有机会学习时就要抓住机会，机会转瞬即逝。”当时与杨丽娟一起跟着廖乐年学习的农村妇女，四名来自长教村，还有一位来自外村。

多年中，廖乐年一直坚持有教无类，几个出色的学生已能承担部分教学任务，甚至，还有学生“出师”成为正式补习教师。

时年24岁的女孩廖惠茹，是廖乐年的全职助手。作为廖乐年的第一批补习班学生，老家也在长教村的廖惠茹，14岁刚上初中时就跟着廖老师学习。整个中学阶段，作为英语课代表，她几乎承担了班里半个英语老师的职责，可惜偏科严重，高考成绩只过了“三A”线。

“我太喜欢英语了，这个分数很难上好学校、好专业，我很担心到了大学反而不能提高英语水平，所以我决定不去上大学。”廖惠茹的决定得到家人的支持，自此她便跟着廖老师，一边学习一边帮廖老师教学。

2012年，廖惠茹第一次考雅思，考了6分，这是申请国外本科学校的门槛。“在廖老师身上，除了英语，还能学到管理能力、做人理念，直到现在，我觉得每天都学不完。”当了廖老师三年的助手，廖惠茹觉得自己成熟了很多，“他已经65岁了，再也不能像几年前那样，一个学生一个学生从最基础的发音教起，我觉得应该留在他身边，分担一部分的教学任务。”

后来，廖惠茹开始在县城家里的天台开设补习班，早在

2011 年时每月就有 3000 多元的收入。

“补习班只是我的实践和尝试，没有打广告，也没有注册，是几个家长知道我跟廖老师学了这么多年，主动找上门要求我教的，这样做也可以离廖老师近一点。”

廖乐年的另一名助手廖文敏从 9 岁开始跟他学英语，中专毕业后又回到他的身边协助他，后来她在珠三角一家很好的小学里成为一名正式教师，一直与廖乐年保持着紧密的联系。

自称“职业乞丐”的自信

其实，作为一名退休教师，廖乐年的收入并不足以支撑每年二三十万元的义教经费，为此，他常常要在世界各地奔波，笑称自己是“职业乞丐”。

“每次回马来西亚，我经常去打高尔夫球，看到大老板，就把球往那个方向打，搭上话就向他介绍英语班的事情，争取支持。”廖乐年幽默地说自己是“棒打大款”。

早在几十年前，刚刚毕业走上讲台时，廖乐年就常常利用业余时间免费为学生补习，正因如此，早年的学生获知他回中国义教，无不倾力支持。

“我很喜欢一句客家话，‘有来有去’，改一下应该是‘有去有来’，‘去’是可以由你控制的，我帮你，你帮我，世界更美好！”廖乐年说。

2011 年，廖乐年带领长教村村民种植的蜜柚大获丰收，6 个一箱的蜜柚可以卖到 180 元，供不应求。趁着参加南方慈善盛典颁奖礼的机会，廖乐年在广州买了一台二手的挖掘机，准备回村开垦山地扩大种植面积。

再往前5年，廖乐年买了近3000棵柚苗送给村民种植，不少村民认为没有前景把柚苗扔了，只有几个人认真种植，结果这几个人赚到钱。有了致富效应，大家的积极性很高，廖乐年又买了6000多棵柚苗送给村民。

“我很喜欢一个概念，叫共赢，你帮我，我帮你，所以，无论是养鱼还是修路，我能帮的就帮，反过来村民也很帮我。”廖乐年还资助了10名贫困大学生完成学业，捐钱修路、安装路灯等，他也出了不少力。令村民惊讶的是，随着物价飞涨，廖乐年竟然主动提高了贫苦学生的资助金。

一位村民告诉笔者，看到廖乐年放弃国外的优越环境，在山村里一待这么多年，大家都很感动，后来，各家各户都希望请廖乐年到家里吃饭。盛情难却，廖乐年就在日历上做好记录，哪天到哪户人家吃饭，安排好吃饭的日程，以免村民不高兴。

在他的心里，最重要的事情，仍然是教学。

为了筹集经费，廖乐年每年都要奔走于中国香港还有马来西亚、新加坡、欧美、澳大利亚等地，这是因为，他早年在马来西亚一所中学任教、当校长期间培养的学生如今分散在世界各地，而他们对他的义教事业也非常支持。

“学生知道我回中国做的这些事，也时常寄钱给我，我现在每年花的，就是40多年前、50多年前所教学生的钱。”廖乐年告诉我，自己之所以经常写信，也是为了向学生们“汇报经费使用情况”。

廖乐年希望1968年、1969年两届学生可以加入他的义教团队。那是他刚毕业时带的学生，感情最好，这些学生也大多有所成就，加上退休了，有时间。“我跟他们讲了很多次，只要有10个人来，师资力量就强了。”廖乐年说自己做梦都希望这一天早日到来。

一直以来，廖乐年都觉得，同一件事参加的人越多，成功的可能性越大，所以孜孜不倦地引进外教助力，其中有他的学生，也有亲戚朋友，他们一有时间就到大埔，长则数月，短则几天，和学生同吃同住。

曾有一次，长教村同时迎来40多位外教，其中就有他50多岁的朋友汪子成，他跟廖乐年一样，也是马来西亚一所中学的退休校长。廖乐年的姐夫也先后两次到长教村支教。

有趣的聪明人

山村的夕阳特别美，黑夜也来得很快，但夜晚来临前的一个小时，处处都显得祥和而有活力。

“村里的老人家把两只手插在袋子里来看我时，我就知道他们袋子里装着鲜鸡蛋，有得吃了！”刚从三轮车上下来的廖乐年谢过来送鸡蛋的廖大爷，转过头来对大家说，“每天都有惊喜啊。”富含热情的话语让旁边的人都笑起来。

我们在翠轩公祠待的一个星期中，几乎天天都有人送点好吃的过来，每次廖乐年都把最好的分给学生。

谁都想不到，眼前这个红光满面的老人，其实刚看完病回来。几天前，他睡觉着凉，每天早晚还要吃降压药，但晚饭时，他又颇有兴致地跟大家开玩笑：“我喝杯啤酒就是输液啊，精神好得很。”

身体抱恙，也绝不会打乱他的计划，廖乐年当天还有一件要事。

按照计划，山上的电线当天就要接通了，以后大家上山干活，开荒、养猪、养羊，都可以用上电啦。中午在村民廖保奎家吃饭时，廖乐年就因这件“大事”即将办成而显得有些兴奋。

原来，为了帮村民拉电上山，廖乐年想了一条妙计，他竟然专门在山腰上建了一座房子，借用自己的威望，让当地支持把电线牵到山上。“我跟领导说，我要在山上教书，再过一两年年龄大了，还可以在山上写写这辈子的经历。”

廖乐年去付电线杆钱的时候，老板说，已经有村民付了款，廖乐年会心一笑，也不再追问。现在，这样贴心的事总时不时有，他说理解自己的人越来越多了。

作为当地的“红人”，廖乐年在大埔县城街上也有不少粉丝。

当天下午 4 时，廖乐年带着我们上街买菜，刚把车停下，路对面一位补鞋的聋哑人就开心地站起来跟他打招呼，他们手掌变幻，笑容满面，你来我往地隔街“过了几招”，互相都明白对方近来过得不错，笑吟吟地分手告别。

“我什么都不怕，不怕丢脸不怕输，所以我的手语也学得很好。”廖乐年笑着说。他那纯粹的笑脸和坦诚的表达，让我们心里感到温暖和震撼。

廖乐年说，他在县城还有一个免费休息站，“站长”是他的一位“妈妈级”学生杨丽娟——一家照相馆的老板娘。每次打球、办事累了，他就会到店里打个盹儿。

买完菜回村路上，他得意地把我们带到休息站，茶过三杯，聊起正在酝酿的暑期教学计划。

翠轩公祠门口，有一大片廖乐年手植的花木，朝着大路口的是一株心形的三角梅，这是老人带着学生们亲手修剪的。

廖乐年说，望着一个个从身边学成离开的学生，他内心是无比喜悦的，就像人们把一件件衣服披到他身上——他身上穿着的衣服从里到外，都是学生和村民送的。

我问他，你在深山默默奋斗了这么多年，最高兴的事是什么？

廖乐年说，有个学生叫廖其力，一段时间后突然不来了，去他家找，路上看到他在桥上晒谷子，原来是因为家里穷，不能继续上学。廖乐年对他说，要是你能考上大学，学费的事老师帮你。最后，这个学生考上了，“当他流着泪跑来告诉我，我真的觉得那刻是最开心的”。

10年前，我问廖乐年，未来的5年、10年，您有什么计划？

廖乐年说，10年计划没有，5年内会在这里继续教书。“现在我帮村民搞种养，训练本地人帮忙教书，也是为了5年后，当我走了，村里还有钱维持教育，还有我的学生继续义教，翠轩公祠没被荒废，我可以在20周年、25周年的时候来参加典礼，那就真正成功了。”

现在，距离他说这句话已经整整过了11年，廖乐年仍然坚守在长教村，尽管他已年近80，不能再每天连续讲满4个小时，但他，总会有办法的。

“我不急，这次回来，我不急。”时钟拨转到2023年，疫情后又回到长教村的廖乐年，回答笔者的仍然是熟悉的廖式幽默，“除了好好工作，我还要照顾好我妈的孩子呢。”[1]

[1]“山乡好人廖乐年”系列报道是《南方日报》新世纪典型人物报道经典之一，由时任南方日报总编辑张东明亲自领衔，带领采访组深入一线经营出来的新闻精品。2012年4月5日，《南方日报》在头版推出《山乡好人廖乐年》长篇人物通讯，见报署名“记者：张东明、段功伟、林旭娜、曹斯、柯鸿海，摄影：张由琼”，并于次日起连续7天推出驻村日记和3篇头版评论，引发国内外持续关注，该组报道获得广东新闻奖一等奖、中国新闻奖三等奖。“山乡好人廖乐年”题材的挖掘，历经两年，三次进村，外围采访无数，笔者有幸参与了选题和采写全过程。因见报报道为集体智慧结晶，本文力求避免雷同，采用早前独立发表于海外版的底本，以朴素的笔法再述廖乐年的故事。借此向各位领导、老师的指导致以诚挚的谢意。采访结束后，笔者多年来一直与廖乐年及其学生保持密切联系，其间了解到的信息，也一并融入稿件中。

杨秀芳

下篇

杨秀芳

投之以木桃

一个百分百的果农，一个自己说只读过8个月书的果农，外表上是个典型的、农民式的农民，内心却又是一个非典型的、非农民式的农民。她的学识、思维、观念已超越一般的农民，她对农业、农民的理解，进入了一个新的、更高的境界，唯其如此，才堪为、敢为农民之师，农民也才认其为师。

人物名片

看书的杨秀芳。林旭娜 摄

杨秀芳（1945— ），出生于马来西亚，原籍广东惠州，其父亲是一名出生于吉隆坡的客家人，因参加“马共”，于20世纪50年代被马来西亚当局驱逐出境，他选择回到广东，在广东省农科院畜牧研究所成为一名技术人员。杨秀芳一直靠租赁别人的土地种植果树和养鸡为生，59岁后多次回到祖籍地参加公益活动。

59 岁时，她开始到中国捐资助学；61 岁时，她第一次到广东陆丰，便喜欢上这片适合果树生长的南方土地；66 岁，她关闭了自己在马来西亚经营了 30 年的果园，宣布退休，此后专职在陆丰免费指导果农。她就是马来西亚华人杨秀芳，被人亲切地称为“女士版廖乐年”。

在马来西亚时，杨秀芳一直靠租赁别人的土地种植果树和养鸡为生，丈夫、儿子也是干粗活的普通人，在富豪慈善家比比皆是的今天，杨秀芳独自一人行走在中国农场的泥土上，不显眼，却独树一帜。

“杨在外表上是个典型的、农民式的农民，在内心却又是一个非典型的、非农民式的农民。她的学识、思维、观念已超越一般的农民，进入了一个新的、更高的境界，唯其如此，才堪为、敢为农民之师，农民也才认其为师。”时任广东省侨办副主任的林琳，在与杨秀芳深入交流后这样评价，他甚至在微博上点评，“一个百分百的果农，一个自己说只读过 8 个月书的果农，说话却富有哲理。她对农业、农民的理解，既务实又有前瞻，同省领导对话完全没问题。”

这是怎样一个有意思的人呢?

去世前做一件有意义的事

笔者见到外表黝黑的杨秀芳时，她已经 67 岁，但干起农活来干脆利落。因为在马来西亚种了一辈子的杨桃，大家亲切地称她为“杨桃阿姨”。年近古稀的她，本应子孙绕膝，在家安享天伦之乐，杨秀芳却说自己不喜欢这样的生活。

过去，靠着种杨桃、卖杨桃的收入，她供养着儿子、侄子、侄女，直到他们上完学，各自开始自己的生活。晚辈自立之后，

杨秀芳接受采访。林旭娜 摄

杨秀芳把不多的积蓄都用于帮助别人。早在几年前，她就和朋友多次到清远、阳江等地捐资助学，如今英德市东华镇英华第二小学的师生还记得这位婆婆捐资 13 万元为他们建设了综合楼。

汕尾市华侨管理区人民医院院长刘玉芳是杨秀芳的朋友，因 2009 年杨秀芳为医院捐赠了 2 万元购买椅子，两人得以相识。

“以前在大家印象中，好像华侨都很有钱，其实很多都是勤恳的普通人。她的每一分都是自己赚的血汗钱。”刘玉芳赞叹。

水果是杨秀芳安身立命的“战友”，也是她探知世界的一把标尺。

20 世纪 80 年代时杨秀芳第一次回广东看望父亲，当时的香港和广东，给她留下了深刻的印象。“1980 年代香港的水果比现在好吃，那时广东虽然还比较穷，可梨子、香蕉有水果香甜味儿，现在的水果不好吃！”杨秀芳三句不离本行，

“不久前，有个朋友给我 4 个水蜜桃，说是北京来的特别好吃，我一吃觉得还是不行。中国人太多了，大家过去只看产量不看质量，现在市场要求高了，好的产品跟不上。”

久而久之，杨秀芳似乎已成为水果王国的居民，懂得水果的语言，能与果园里的花木对话。

2001 年，父亲去世后，杨秀芳再回广东，与马来西亚赤道基金会的热心人一起到阳江地区捐建学校，在那里她看到当地人种的杨桃，因为对这水果所抱有的特殊感情，她走入果园仔细察看起来。

“他们种得很乱，也不修剪，我就拿起剪刀这修修、那剪剪。”杨阿姨回忆，这一幕刚好被旁边的相机记录下来，后来照片还发表在印尼的《千岛日报》上。巧合的是，这一报道又被广东省侨办原副主任许丽华看到。

2007 年，许丽华找到杨秀芳，跟她说，陆丰华侨农场也种植杨桃，那里自然条件很好，但大家不懂怎么种。她们约好在英德一次学校捐款活动结束后，一同赶赴陆丰。这一次杨秀芳果断选择了陆丰华侨农场，自此每年都抽出一个月到当地进行技术指导，并引进了金蕉、番荔枝等新品种。

“我希望在去世前，能做一件，哪怕只是一件对社会有贡献、有意义的事情。”杨秀芳说，这就是她晚年觉得最幸福的事。

据介绍，第二次世界大战后，马来群岛的杨桃种植面积开始扩大，其特有的热带海洋性气候培育出了甜美的红杨桃。然而，为了迎合欧洲市场的需求，果农普遍在杨桃还未完全成熟、青翠的时候就摘下来，然而当地人却很不喜欢这种青酸口味。长此以往，当地渐渐放弃了杨桃这一原本受欢迎的品种。

“任何一个果种都是人类通过长期而艰辛的筛选和培育而成的，我们不能随意放弃一个品种。”这也是杨秀芳选择到陆丰当义工的另一个原因。

作者与杨秀芳。陈超 摄

杨桃也要“坐月子”

种植杨桃本身是一件极为普通的事情，但听过杨秀芳谈种植经的人都会过耳不忘。

“今天见到了传说中的马来西亚果农杨阿姨，她说这里的蔬菜水果太难吃了，种蔬果好比女人坐月子，要滋养，而品牌的实质就是道德，没有德性成不了长久品牌。”2013年，见过杨秀芳的省侨办干部沈卫红博士迅速发了一条微博。

杨秀芳与“漫都拉”先生。林旭娜 摄

“农民靠土地而生，中国有很好的农业传统，原本农民并不缺少智慧，但因为人多需求大，他们忽略了水果的‘灵魂建设’，我想教农民种出最好的水果。”杨秀芳认为，现在的中国农民普遍缺少一种

“生命”意识，缺少对于果树的“生命”关怀，他们总是认为树上的果子挂得越多越好，却不知道在商品经济逻辑里，这条亘古不变的法则可能是错的。

“好比一根树枝上，挂三个果，在数量上压倒挂一个果子的。但论起质量和卖出的价格，一个果子可能价值更高。从生长规律看，在养分供应相对固定的情况下，挂果少的会长得个头大、卖相好、价格高。”杨秀芳说起水果经，自有一套理论。

她建议归侨要敢于修剪掉多余的果子，并且戏称这是给杨桃“优生优育”。可是农场的大多数归侨一开始都很难接受这一做法。剪掉果子，在他们眼中相当于剪掉钱和食物，是直接浪费，其别扭可想而知。

“已有的经验告诉他们，最小、最难看的杨桃，也能卖出去。”杨秀芳很清楚归侨的想法，笑称时间会慢慢证明谁对谁错，“等他们看到大果卖得更好，他们就会改变观念的。”

这部水果经是杨秀芳用 30 年的时间参悟出来的，伴随着无数的汗水和泪水。实际上，她能成为今天的杨桃阿姨，并非偶然。

杨秀芳的父亲原籍广东惠州，是一名出生于吉隆坡的客家人。在女儿眼里，这是一个绝对的理想主义者，甚至不惜为此牺牲亲情和安稳的一生。

因为加入马来西亚共产党，杨秀芳的父亲于 20 世纪 50 年代被马来西亚当局驱逐出境，他选择回到广东，在广东省农科院畜牧研究所成为一名技术人员。

在马来西亚时，他专门研究橡胶种植，回广东后遂主动要求到海南岛去，但待了半年后身体无法适应海南恶劣的自然环境，只好又回到广州。他在广州一直居住到 90 岁去世，再未回马来西亚。如今，他静眠于省农科院一角，墓里葬着他的一半骨灰，另一半由杨秀芳撒向大海。

因为父亲的缘故，杨秀芳年轻时就要承担起整个家庭的重担，只好向人租赁了一个果园。为了避免像一般小农那样，受中间商的压榨，她在长达 30 余年中每天都 4 时起床，采摘好当天要卖的杨桃后，自己驾着农夫车驱车 3 个多小时，到市场上贩卖。卖完杨桃，她必须马不停蹄赶回果园继续干活。

杨秀芳的水果因为卖相好、口感佳，在当地已经形成自然品牌，价钱比市场高出 10%。平时，她还在园里养鸡贩卖。

“农民大多没有市场意识，背后的原因是缺少竞争意识。不光如此，普通农民还要面对中间商的压价，因为缺少品牌意识，他们对此也无能为力。”杨秀芳就将自己的经历和经验一条条地讲给他们听。

“漫都拉”心悦诚服

“漫都拉”，印尼语“淘气”的意思，直到今天华侨农场的归侨们还这样称呼林俊城，尽管岁月的刻刀早已在他的脸上留下一道道痕迹，幼时的淘气也代之以今天的沧桑。

2009 年之前，“漫都拉”一直都在种植荔枝，收益时好时坏，因为广东是荔枝、龙眼之乡，市场早已饱和，整个农场也主要种这两种果树，经常供大于求。“杨桃则不然，一年四季都能结果，容易储存，保鲜期长，收入可以多很多。”杨秀芳跟“漫都拉”分析利弊。然而，打理杨桃树花的精力比荔枝多得多，很长时间里果农都不愿意改种。

杨秀芳也不急，一边苦口婆心劝，一边让他们看效益。

在侨务人员帮助下最早引种的200多亩红杨桃成熟了，因为个大金黄，肉质脆嫩无渣，价格比本地杨桃竟高出2倍，还未采摘便已经被订购完，有对归侨夫妇在种植的第二、第三年的年收入就达到11万元。在2007年，这笔收入对农场人而言非常可观。

“漫都拉”试着种了200棵，马上就尝到了甜头。“过去我家种荔枝，每年收入只有万元多一点，去年新种植的杨桃第一次结果就有两万多元的收入了。”第二年，“漫都拉”预计能有5万元的收入，再过一年，杨桃树的产量会继续上升，按一棵杨桃树年卖出1000元算，高峰期年收入能达到20万元。他种植的100多棵莲雾，也有20棵开始结果，卖了近万元。

杨秀芳的技术支持，也给大家带来信心。2008年，七八月时杨桃花开满了树，到了9月枝上开始挂上了碧绿的小果，眼看不久就可丰收。怎料到10月出现了不测风云，小虫爬满一树。果农们第一次遇到这种情况，大家急得团团转。

消息很快传到在马来西亚的杨秀芳那里，一听说情况，她就撂下自己农场的活到陆丰来了。一到农场，她立即巡视了分散各片的七八个杨桃林，然后轻松地对大家说，这属螨虫类，喷点“克蛾宝”就可以。借此机会，她又把杨桃容易得的病虫害知识逐一解释。

“果蝇用‘灯诱’法杀，螨虫可喷‘白油’，这种农药无毒，会自动凝成膜阻断空气……”很多果农至今还记得她传授的灭虫经。剪枝、留花、施肥、积肥、沤肥，自己多年摸索、积累的经验，杨秀芳无不一一详解。

她也拒绝对果农收费：“不收费，我想说就说，想骂就骂，我这么老了，他们想听就听，不想听也不会骂我。”

“她既不同于那些富豪慈善家，也不同于一般的技术专家，是我们的同行，讲话非常朴素，我们听得懂。”最早种植杨桃的彭武森说。

杨阿姨的热情，令72岁的农场退休干部王桂贤感动：“每次来回都要2000多元的路费呢，她都自己掏腰包，她存这些钱不容易。”

王桂贤还有另外一个身份——100棵杨桃树的主人，他也是个地道的果农，和杨秀芳可谓农业战线上的知音。开始种植杨桃后，他俩就常常交流经验。“凭着我自己多年种植的经验，我觉得她是个‘老手’，有技术，又朴实，大家容易接受。”

争分夺秒地再干一件事

令人惊讶的是，一辈子和泥土打交道的杨秀芳，最爱读的书却是《红楼梦》《道德经》和《易经》，而更出人意料的是，她小时候仅上过8个月的学！

现在，指导农民种植果树之余，杨秀芳还会看看书，她长年带在身边的是她最喜欢的3本书。当有人问她是否看得懂时，杨阿姨淡然说：“人生太丰富了，经历了坎坷的人生后，看书也感觉透彻多了。”有时，她还幽默地笑称自己是刘姥姥进大观园，从马来西亚的小农场来到陆丰的大农场。

杨秀芳还给笔者讲了一件往事：因为小时候父亲就离开家，自己没有上学的机会，所以等孩子长大后，她便要强地请来家教学英语。

“那时我已经50多岁了，一个礼拜学2天，一开始教我的是华人老师，学到一半，我索性请了个印度人教，全英语学得快。”虽然杨秀芳说自己这么做全是出于好强和虚荣，

2007 年来到陆丰时，她已停止了英语学习，但她那倔强的个性在这件事中表露无遗。

67 岁的杨秀芳还想争分夺秒地再干一件事：搞一个 800 亩的新型水果试验田。

“小农即使有提高农产品品质的意愿，也常常力不从心，而有钱人又不愿意投资农业。我有一个印尼华人朋友，和我同岁，跟我的想法不谋而合，他信任我的技术，我信任他的为人，他投资在陆丰华侨农场租了 800 亩地，请我做技术指导，全权放手让我搞试验，种植杨桃 400 亩、金蕉 300 亩、莲雾 100 亩，希望能帮当地的果农做示范，打市场。”杨阿姨现在最担心的是自己再不行动就来不及了。

陈慈黉

下篇

陈慈黉

被炫富传言裹挟的巨贾

在潮汕文化语境中，陈慈黉的富有既是事实描述，更在口口相传中演化成语言学上的语料和叙事工具，成为族群的集体记忆符号。造成这种文化现象最主要的原因是陈慈黉开创的财富帝国，与故乡经济水平的强烈对比带来了巨大心理冲击，以至于这种冲击最终变为族群文化认同，竟代代传承至今。

人物名片

可媲美“京华帝王府”的陈慈黉故居。图片选自林挺主编《汕头建筑》

陈慈黉（1843—1921），又名陈步銮，是清代华侨实业家、金融家，广东省澄海县隆都前美乡人。1855 年，陈慈黉弃学从商，随父亲到香港打理“乾泰隆”行，清同治十年（1871 年），子承父业前往泰国曼谷设立“陈黉利”行，先后在新加坡、越南西贡设立多家分行。其在家乡建造的宅第被誉为“岭南第一侨宅”。

作为潮汕地区最知名的“头家”（潮汕话，意指老板、财主）之一，陈慈黉与其他人不同的是，他身上有着三个极为突出的标签：一是关于他财富之多的逸闻趣事数量之庞大、细节之生动在当地称得上冠绝古今；二是他建造的“岭南第一侨宅”也即陈慈黉故居之富丽堂皇、房间之多无出其右；三是陈慈黉商业帝国兴旺 180 年，至今仍有极大影响力，然而相比其他侨商，其家族刻意的低调一以贯之。

陈慈黉故居被冠以“京华帝王府，潮汕百姓家”，为何？据说丫鬟开窗闭户需要整整一天。潮汕有俚语称“富不过慈黉爷”，陈氏家族有多富？更有各种坊间说法，其中一种是陈家的资产“十个世纪也花不完”。与陈慈黉同乡的中国著名散文家、归侨秦牧却说，比陈慈黉富的华侨在中国有的是，但无人在家乡建造这么豪华的住宅。

陈慈黉到底是怎样一个人？

极具戏剧性的财富传奇

很有意思的是，在潮汕文化语境中，陈慈黉的富有既是事实描述，更在口口相传中演化成语言学上的语料和叙事工具，成为族群的集体记忆符号，甚至转化为文化认同，不断强化着这个民系的文化共识和追求。

造成这种文化现象的原因，最主要的应该是陈慈黉开创的财富帝国实在太令人震撼，在当时的潮汕地区，从事贸易的陈慈黉富可敌国，强烈的对比给故乡带来了远超以往记忆的巨大冲击，以至于这种冲击最终也变成了共同记忆，传承几代。

另外，或多或少的，在对“慈黉爷”的议论中，人们似能感受到潮汕人甚至中国人对财富的向往和追求。而这何尝不是中国人几千年来生存和发展的原动力呢？

请看这些有趣的故事和细节铺陈。

潮汕流行的俗语中，有这么一句：“（谁）富过慈黉爷？！”据说，汕头黉利栈每晚都有专人清点银元，由于银元太多，来不及逐一点数，只好先用米斗量算。这应该符合事实，对类似细节的描述有多位亲历者讲述过。

建造陈慈黉故居这座“皇宫”所用的钱更是无法估算。曾接受笔者采访的陈慈黉同乡、汕头市澄海区隆都镇前美村原支部书记陈作松向笔者描述，陈氏建房的很多银元先用大船从泰国运到汕头港，再用小船运到韩江，村里人再从江边码头挑回来。当时挑银队一般每趟48人，一个跟着一个，以防跟丢，整整要挑一天，现在当地还保存有挑银元的竹筐。

为陈慈黉工作可以得到远远高于在其他地方谋生的待遇。陈作松听村里的老人说，当时在陈家工作工钱是一天一块银元，可以买50斤米，而别处的普通工人一个月只能赚两三个银元。

另一个印证陈家财富的例子是，据说陈家少奶奶等女性成员不参与经营，打牌的时候输钱的人向她借钱，少奶奶感到不解，竟问出了一个“何不食肉糜”的问题：“你们家连一筐银元都没有吗？”

类似的故事显得荒诞，似乎却又令陈慈黉的形象显得更加真实。

当时，陈家有一个女儿嫁到澄海的冠山镇，婆家为了考验新过门媳妇，便把纸煤藏起来，看她怎么处理。新媳妇却把情况向家里“汇报”，家里人二话没说让伙计挑了一担上好绸缎送上门“给姑奶奶点火”，以此来回敬婆家的刁难，此后更每日一担送上门，婆家震惊之余为要天天给挑夫红包而烦恼，深感不安，只好告饶。

种种传言中可以确证的是，陈慈黉故居的瓷砖、玻璃、木材、石料等上等建筑多是当时从泰国、西欧等地海运而来，其中单进口瓷砖式样就有几十种，这些瓷砖历经百年，至今花纹色彩依然亮丽如新。

为了修建这一座豪宅，慈黉家族专门雇人挖了一条小运河，从韩江入海口一直到村前，可见其工程之浩大。

建这样的宅子究竟花去多少银子，谁也说不清。

陈慈黉的善居室有 11 个字是当时有名的书法家华世奎所题。文献记载，华世奎写一个字，据说就要 1000 银元。而陈慈黉故居书法石刻多出自名家之手，堪称一本集众多书法名家手笔的“活字帖”。在善居室众多书法石刻中，除了华世奎，还有吴道镕和清末榜眼朱汝珍的亲笔字迹。

陈氏家族举家迁往香港前，房屋已基本建成，每个房间都定制了红木、楠木家具各一套，共 100 套。这些家具在新中国成立后被当地党政机关借用，很多当地的老公务员对这些家具都有着清晰记忆。

敏锐而天才的企业家

1860 年汕头开埠之前，粤闽人士下南洋的通道是澄海的樟林港。在浩浩荡荡的冒险家和建立功业的人中，就有陈慈黉的父亲。

如今在前美村陈慈黉故居前，仍有一座大型红头船雕塑。“这是因为陈氏故居不仅是潮汕建筑群的典型代表，更是潮汕人红头船精神的一处印证。”潮汕历史文化研究中心原理事长、新华社福建分社原副社长王炜中评价，“陈氏家族近两百年的从商轨迹，是广东人下南洋历史上最有代表性的标本。这个标本至今仍有强大的生命力。”

这无疑是一个典型的侨商家庭。陈慈黉的父亲陈焕荣，绰号“阿核”，在家乡父老的叙述中，其少年时便胸有大志，看到故国生活艰难，不愿固守，15 岁上下就到樟林港给红头船船主行船，每次领到工钱都积攒起来。1842 年，克勤克俭、日积月累 3 年之后，他终于买得起一条自己的船，自此货运经商，在上海、天津、青岛、汕头和南洋各地往来贸易，最终成为樟林港最著名的大船主。

在香港，打下陈家基业的陈焕荣创办了第一家华人跨国贸易商行“乾泰隆”，主要经营大米进出口生意，兼营内地土特产，销往南洋各地。这是香港最老牌的进出口商之一。

陈慈黉接掌家族生意，是在其父告老还乡之后。这时，看到机器轮船走上时代舞台，他敏锐地窥探到红头船正走向没落，遂抢占先机。应该说，作为一位出生于侨商家庭的天才企业家，陈慈黉正是凭着商业嗅觉和把舵定向，使陈氏家族的商业帝国得到了数量级的壮大。

看到泰国物产丰富，物美价廉，1871 年，陈慈黉在泰国首都创设“陈黉利”行，很快成了泰国乃至越南有名的火砻主及大米出口商。

在陈慈黉的指点下，他的第二个儿子陈立梅对黉利各埠企业的管辖也得心应手。时逢第一次世界大战，粮食、物资是各交战国最需要的东西，经营大米外销和进出口业的黉利家族借此资本实力猛增。为提高黉利在各地流动资金的使用率和增值率，陈立梅在暹京、香港、汕头、新加坡、槟榔屿、西贡等地设立黉利栈汇兑庄，是为陈氏家族黉利栈银行的前身，是陈氏进军金融业的一着奇招。

陈慈黉家族一贯乐善好施，陈作松介绍，当时该村乡亲出洋均可免费搭乘黉利的轮船，到了泰国曼谷，也可先在黉利的火砻做工、食宿，且去留自主，若有另谋他业的打算，慈黉家族无不尽力扶持。因此，前美村“过番”者甚多，村里6000多人，却有5万多华侨，形成了自己独特的侨乡文化。时至今日，该村与周边地区相比，也属于具有深厚文化积淀和经济实力的富庶乡村。

1909年，华东数省惨遭大水灾，清廷派员到泰国募捐赈灾，陈立梅忧国忧民，捐巨款救灾，被赐予郎中衔，前美村内陈家宅第“郎中第”即以此命名。

陈立梅的儿子陈守明也在陈慈黉家族商业史上写下了重要一笔，他于1933年创立暹罗吞武里府第一家商业银行——黉利栈银行。具有现代企业家眼光的陈守明还以超前意识，在吞武里府创立第一家保险公司——銮利保险公司。

在冲积平原上岿然如山

有人惊叹，黉利集团的家产“十个世纪也花不完”，而陈家的商业辉煌，留给故乡人们的最好标记，是那座建了近50年还未完工的“岭南第一侨居”。

近年来，陈慈黉故居成为网红景点为外地人所知晓，然而，它作为当红打卡点的历史，至少已经有100多年了。

官方资料显示，陈慈黉故居包括了郎中第、寿康里、善居室和三庐书斋，始建于清宣统二年（1910年），历时近半个世纪，故居占地2.54万平方米，共有厅房506间。其中最具代表性的善居室始建于1922年，占地6861平方米，计有大小厅房202间，是所有宅第中规模最大、设计最精、保存最为完整的一座。

陈慈黉故居呈现出“古今相糅、中西合璧”的建筑风格。

故居中，三庐书斋是中西结合的别墅式建筑，郎中第、寿康里、善居室是“驷马拖车”的别墅式建筑。在整个宅院内，居中的是中式的硬山顶平房，外围房屋则都是两层洋楼，形成一个内低外高、类似城寨的方形大庭院。屋顶既有架梁盖瓦的传统结构，又有栏杆阳台的西式结构。在至高处还设置瞭望台，可居高临下，总览全宅，便于防盗、防火、防涝。宅院的主厅堂是“四点金”式布局，两侧火巷则仿北京故宫的东西宫格式，分为若干个小院落，构成大院套小院、大屋带小房的住宅网络，加上梯楼、天桥和通廊，四通八达。其楼屋顶还用红砖铺设人行道，使房屋上下相通，入之有如迷宫。

在装饰方面，故居在古朴典雅的支柱或附墙柱上，采用各种西式花柱头；房屋门窗既有中式的方形，也有西式的圆形和拱形；门廊和窗套既有潮汕嵌瓷，也有西方的石膏泥塑；其装饰花纹既有传统的卷纹、花鸟图案，也有西式的几何图形，还在通廊柱梁上将英文字母点缀于花纹之中；房屋采用近百种釉面砖，全部从海外订购。

相传因为屋多人少，为使空气流通，陈家专门雇有专职丫鬟负责每天开窗闭户、推门关门。每天早晨起床，小丫鬟就会走着小碎步，将里里外外、楼上楼下所有的门窗打开，一直到午饭时间才勉强开完所有门窗，吃完午饭立刻开始关窗，一直到接近黄昏才结束。故居之大，由此可见一斑。

一百年前，玻璃是罕有金贵之物，所以陈慈黉故居中大量使用各式进口五彩玻璃，至今鲜艳如前。

笔者在这座号称“岭南第一侨宅”的民间宫殿中穿梭时，看到大理石堂柱表面被打磨得犹如镜面一般，村民介绍，当时的丫鬟梳头，都以柱子为镜，清可鉴人。

“这么亮，是因为这都是用银元一个一个打磨出来的。”陈作松再次用惊叹又怡然的语气告诉我，故居大量石柱的打磨工具竟是一个个崭新的银元，工人从早到晚，拿着银元打磨石柱，每磨坏一个银元可以向主人换取一个新银元作为报酬。

当地人至今仍津津乐道一句俗话“慈黉爷起厝（建房）爱慢勿猛”，说的是陈慈黉建房子只求好，不求快，背后对应的是陈氏大屋极为注重质量的“传奇”。

有时，陈慈黉亲自监工，如果发现工匠干活太快，怕他敷衍了事，就会告诉工人：“阿兄你家里是不是有事？有事就赶紧回去处理再来吧。”然后叫人算好工钱给他。

据介绍，陈慈黉主建的郎中第因质量问题曾反复被推倒三次重建。最晚动工的善居室是陈慈黉幼子陈立桐的宅第，1922 年开工，该屋的监工人主要是陈立桐的妻子，因注重质量而多次责令部分房屋拆除重建，工期一再延缓。

“故居所在地是韩江冲积平原，地基向来比较软，但规模这么大的房子，历经百年都没有丝毫沉降，可以说是岿然不动安如山。”陈作松故作神秘，问我这是为什么。

这是因为下面埋了无数的木桩，当时打桩的工人把一条条原木打进地基，直到打不动与地面齐平锯断，2.54 万平方米的占地面积，可以想象，所用掉的木头有多少！在锯平的木桩上，工人还要再铺上两层木板，横一层，竖一层，地表下用的木头比上面多得多。

因为苛求质量，直到 1939 年日军侵略，汕头沦陷，陈慈黉故居仍有部分未建完。

陈慈黉家族从事海运进出口贸易，尤为注重宅院建筑“藏风得水”，因而选址于韩江的冲积洲。故居东、北、南三面临江，

陈慈黉故居，始建于1871年。图片选自林挺主编《汕头建筑》

主方向为坐西向东，远处江水从左向右慢慢流过，曲折蜿蜒。登高一望，故居数百座厝头中有90%为水行山墙，充分体现了潮汕民居“天人合一”的建筑特色。

第一侨宅曾作看守所

尽管陈慈黉故居目前仍然完好，但百年来它也曾受过几次“伤害”，最严重的破坏在20世纪50年代末，据说1958年，故居的铜窗栏、铜门环全部被拆除“炼钢”。

“文革”期间，陈慈黉故居曾被作为粤东地区看守所，囚禁当时的“政治犯”，广东省政协原副主席林兴胜后来重访陈慈黉故居参观时曾说，当时自己被软禁于善居室的一间房内。

1952年，陈慈黉故居成为四十四军速成中学，一直驻军到1962年。陈作松说，2015年左右，还有一名老军官旧地重游，手里拿着一张照片，相片中当时故居门外还装着大铁门。

1954 年，广东省全面落实侨房政策，陈慈黉故居全部归还原主，当时陈家将房产委托给村代管，所以后来寿康里又被作为澄海的粮食仓库，政府定期给租金，陈家把这些钱都捐给村里。

现在，陈慈黉故居所在的前美村定位是广东省旅游特色村，除了陈慈黉故居，村里有名的宅第还有奉政第、通奉第、儒林第、大夫第、太守第等，陈慈黉先祖建于康熙年间的永宁寨也是潮汕地区有名的古建筑。

“以前没人将这些建筑当文物看待，村委会很长一段时期在故居里办公，想在哪开窗就开，墙上留有很多印迹，‘破四旧’时破坏也极大，有两个窗是由精美的西洋瓷砖拼成的‘福禄’两个字，被视为毒蛇猛兽，用石灰糊住。”陈作松回忆，后来很多专家说这是宝贝，才建立乡规民约保护，该修复的修复，尽量做到修旧如旧。

1999 年，陈慈黉故居作为旅游景点，第一次进入观众的视野，陈慈黉后人陈天禧拿出 500 万元成立陈慈黉旅游服务公司，对故居进行整体整修，雇员有 30 多人，除了导游、保安，还有专门的管理经理人。

低调家族不愿曝光

陈慈黉家族以高超的建筑技艺营造了如此庞大的建筑群落，很多人疑惑，当时究竟是哪个名师设计？令人称奇的是，问遍所有知情人，都说慈黉故居既没图纸，也无名家指点。当年的老管家也说，并没有请什么人设计，只请了风水先生看风水，请信得过的族人总管施工。

陈慈黉故居中有很多名家手笔，被称为“活字帖”。林旭娜 摄

据介绍，故居建造时所有工匠都由村里请来，他们唯一的指南是屋主有些随心所欲的口头指令，而工头施工全凭一支带有尺寸的竹竿比画指挥，建到哪算哪，主人不满意就拆除重建，慢工出细活。

老人们说，现在仍令人叹为观止的故居嵌瓷，都由当时远近闻名的能工巧匠施就，他们互相斗智斗艺，完工前一律用布幕遮挡，防止抄袭，只为交卷时博主人喝彩。貌似互相

陈慈黉故里原村支书陈作松与本书作者在前美村采风调研，身后建筑位于陈慈黉故居北面，是始建于清康熙四十三年至四十八年（1704—1709）的古建筑永宁古寨。林泰然 摄

孤立的创作结果，整体效果却和谐一致，不能不让人感叹。

按陈慈黉当时的实力和眼界，完全有能力聘请名师设计和技工负责施工，为什么却偏偏选择雇用乡人？是否为了间接回报乡人？

其时，陈氏家族早已在泰国建有陈氏家祠和豪宅别墅，为何还要斥巨资和大量时间回乡修筑庞大家园？对于这些疑问，现在已经没有具体答案。

商海风起云涌，曾为“泰华八大财团之首”的陈慈黉家族打破了“富贵不过三代”的魔咒，家族已经兴盛 180 余年，历经 6 代而不衰。这与任人唯贤的经商原则和严格的家庭制度有重大关系。

陈立梅在泰国出生，但9岁时就被陈慈黉带回前美村“延师课读”。二战时，举家迁往香港后，在港读书的陈慈黉家族子孙，一律住在香港商行，往返学校都要自己坐电车或公共汽车。即使日后在海外学成归来，也要从公司的基层员工做起。

陈慈黉家族通过多种方法防范“败家儿”的出现。“小孩子愿意读书的，所有费用都由家族支出，据称在20世纪60年代，陈慈黉子孙留学欧美的达20多人。”陈作松说。

陈立梅还亲自定下严格家规族训：不准黉利子孙变卖家族产业。这对维护家族的整体利益和保障企业历久不衰起到了重要作用。

这样一个家族，却十分低调。有着乔家大院风范的陈慈黉故居，却远没有前者的知名度。笔者了解到，曾有剧作家编好陈慈黉故居电视剧本，要找投资商投拍，最后因为家族成员有异议，只好搁浅。

因此，我们很难找到有关于陈慈黉后人尤其是新生代的公开信息，他们完全隐藏在“岭南第一侨宅”和陈慈黉的身后。但在陈慈黉的老家潮汕地区，有关他的传说却经久不衰，也从另一角度吸引着人们对于他和其接班人产生极度好奇。